Christian Feldmann

Wer glaubt, muß widerstehen

Christian Feldmann

Wer glaubt, muß widerstehen

Bernhard Lichtenberg –
Karl Leisner

Herder
Freiburg · Basel · Wien

Dritte Auflage

Gedruckt auf umweltfreundlichem
chlorfrei gebleichtem Papier

Umschlaggestaltung: Neil McBeath, Kornwestheim
Umschlagmotive: Lichtenberg (links), Leisner (rechts):
KNA-Bild, Frankfurt/M.

Inhalt

Karl Leisner

Vorwort

Protest, als die Synagogen brannten

Im Büro des preußischen Ministerpräsidenten Hermann Göring herrscht im Juli 1935 helle Empörung: Irgendein Kirchenmann hat angerufen und eine sofortige Unterredung mit Göring verlangt. Ihm seien da entsetzliche Vorkommnisse im Konzentrationslager Esterwegen zu Ohren gekommen ...

In Görings Büro ist man erbittert, aber auch ratlos: Was gehen den Pfaffen die KZs an? In Esterwegen im Emsland sind Juden, Kommunisten, Sozis, auch einstige Regierungsbeamte interniert, natürlich wird dort geprügelt, die SS hat auch schon etliche Juden und Ex-Prominente erschossen – na und? Das ist Sache des neuen Staates. Wo gehobelt wird, fallen eben Späne!

Aber ganz kann man es sich nicht – noch nicht – mit der Kirche verderben. Also gibt man dem Schwarzrock einen Termin. Es handelt sich immerhin um den kommissarischen Leiter des Bistums Berlin, den Vertreter des eben verstorbenen Bischofs, einen gewissen Bernhard Lichtenberg. Zu Göring wird er natürlich nicht vorgelassen. Aber ein Ministerialdirektor hört ihn an: Aha, von einem Sozi stammen seine Informationen, vom einstigen Sekretär der sozialdemokratischen Fraktion im preußischen Landtag. Eine saubere Gesellschaft!

Lichtenberg bekommt den freundlichen Bescheid, man wisse um die Mißstände und werde sich um Abhilfe bemühen. Doch der lästige Pfaffe läßt sich nicht so schnell abspeisen. Er knallt seinen Bericht auf die Tischplatte und schreibt eigenhändig dazu: „Dem Preußischen Staatsministerium persönlich überreicht mit der Bitte um Nachprüfung und Remedur. Berlin W 8, 18.VII.1935. Lichtenberg, Domkapitular."

Die „Nachprüfung" hätte den aufrechten Kirchenmann den Hals kosten können. Der stellvertretende Chef der preußischen Gestapo leitet das Schriftstück mit der Anmerkung an Göring weiter: „Ich stelle den Antrag, den Greuellügner Lichtenberg wegen heimtückischer Angriffe auf den Staat in Schutzhaft zu nehmen, damit er sich im Lager Esterwegen von der Ordnung und Sauberkeit überzeugen kann und Veranlassung bekommt, diese Ordnung auch in seinem kirchlichen Laden als musterhaft einzuführen."

Ganz klar, von diesem Augenblick an steht der Priester Bernhard Lichtenberg auf der schwarzen Liste der Nazis. Wenn es trotzdem noch sechs Jahre bis zu seiner Verhaftung dauert, dann deshalb, weil der begeisterte Großstadtseelsorger und machtvolle Kanzelredner Lichtenberg überaus populär bei den Berliner Katholiken ist; da heißt es auch für die allmächtige Partei, vorsichtig zu sein.

Lichtenberg, ein kantiger Dickschädel mit einem goldenen Herzen, ist jedenfalls noch öfters unangenehm aufgefallen, bis hin zu jenem öffentlichen Gebet für die verfolgten Juden in der St. Hedwigs-Kathedrale, das der Anlaß für seine Einkerkerung wurde – und nun auch für seine Seligsprechung.

Ein heikles Unterfangen, denn der Mut, den dieser eine Mann über Jahre hinweg bewiesen hat, lenkt den Blick zwangsläufig auf die feige Anpassung von tausend anderen. Gewiß, Lichtenberg war nicht einfach der isolierte Einzelkämpfer auf verlorenem Posten. Er gehört zur Führungsriege des Bistums Berlin, gedeckt und in seiner Haltung bestärkt vom Bischof und sogar vom Papst.

Doch damit sind die kritischen Fragen nicht aus der Welt geschafft: Warum gab es so wenige Lichtenbergs? Warum wurde nur in der Hedwigskathedrale für die verschleppten und umgebrachten Kinder Israels gebetet und nicht in jedem deutschen Gotteshaus, vom Dom bis zur Dorfkapelle? Warum schrien Bischöfe und Pfarrer nicht wie *ein* Mann auf, als die Synagogen brannten und das Volk, dem Jesus von Nazaret angehört hatte, in den Folterkellern und Gaskammern verschwand?

„Lasset uns beten für die Juden und die armen Gefangenen in den Konzentrationslagern." Ein Stachel im Fleisch des Regimes, dieser allabendliche Klagepsalm in der Berliner Kathedrale. Aber weshalb nur dort? Weshalb wurde gerade Lichtenberg zum Provokateur? Der Schlüssel muß in seinem Lebensweg liegen, der deshalb in diesem Buch nachgezeichnet werden soll, auf der Basis von Zeugenaussagen und Dokumenten.

Zeugen gegen die Mitläufermentalität

„Soll ich mitlaufen, mitschreien, mitziehen?" schrieb der 18jährige Karl Leisner 1933 in sein Tagebuch. „Nein, das tu ich nicht; es sei denn, daß man mich mit Gewalt oder durch Staatsgesetz dazu zwingt, aber innerlich folge ich ihnen nicht. Der Drill, die Schnauzerei, die Lieblosigkeit gegen die Gegner, ihre fanatische, tamtamschlagende Nationalitätsbesessenheit kann ich nicht teilen."

Als er vom Reichsarbeitsdienst zurückkehrte und ins Münsteraner Priesterseminar eintrat, hatte die Gestapo längst eine Akte über den umtriebigen Jugendführer angelegt, der seine Jungs gegen die NS-Propaganda zu immunisieren suchte, für Christus als einzigen Führer warb und von Frieden und Völkerversöhnung schwärmte. Spitzel hefteten sich an seine Fersen, man kontrollierte seine Post, beschlagnahmte Tagebücher und Liederhefte.

Am Tag nach dem mißlungenen Attentat auf Hitler im Münchner Bürgerbräukeller im November 1939 wurde Leisner verhaftet; unvorsichtigerweise hatte er einen bedauernden Kommentar abgegeben. Für den schwer lungenkranken Studenten begann ein mehr als fünfjähriger Leidensweg durch Gefängnisse und Konzentrationslager.

Es wird erzählt, mitten in dieser Hölle habe Leisner Mut und Gelassenheit verbreitet. Unter abenteuerlichen Bedingungen im KZ Dachau heimlich zum Priester geweiht, starb er kurz nach der Befreiung am 12. August 1945. „Segne auch, Höchster, meine Feinde!" lautete seine letzte Tagebucheintragung.

Der mit 24 Jahren verhaftete und mit 30 gestorbene Student konnte keine solche Breitenwirkung entfalten wie Bernhard Lichtenberg. Aber der gefährlichste Widerstand gegen die Nazis, so lesen wir in neueren Studien, habe nicht in der politischen Aktion gelegen, sondern in der Nichtanpassung des Denkens, in der Weigerung, sich Weltsicht und Feindbilder vorschreiben zu lassen. Die braunen Herrenmenschen sahen das ähnlich; sonst hätten sie solche Querköpfe unter den Priestern und Laienchristen nicht so fanatisch verfolgt.

Leisners wie Lichtenbergs Leben enthält eine eminent politische Botschaft: Leute wie sie, Menschen wie Rupert Mayer und Alfred Delp, Edith Stein, Maria Terwiel, Inge Scholl geben hervorragende Zeugen gegen die wieder in Mode gekommene Mitläufermentalität ab.

Ihre Lebensgeschichten zeigen, daß die Deutschen eben nicht alle unwissend in das Dritte Reich hineingeschlittert und dem Regime dann machtlos gegenübergestanden sind, wie die schlichten Vergangenheitsbewältiger so gern behaupten. Natürlich hat man gewußt und gesehen, was da geschah – nicht alles, aber genug. Die Frage ist nur, ob man es hinnehmen mußte.

Helden hätte es gar keine gebraucht und keine selbstmörderischen Widerstandsaktionen – zumindest in den ersten Jahren des Nazismus, als noch nicht hinter jeder Wand ein Spitzel lauerte und der gnadenlose Terror sich noch nicht wie ein Spinnennetz über das Land zog. Helden hätte es gar keine gebraucht, bloß ein wenig Vernunft und Zivilcourage, meint etwa der Dominikanerpater Franziskus Stratmann, der sich gemeinsam mit Lichtenberg im „Friedensbund deutscher Katholiken" engagierte und dafür schon 1933 ins Gefängnis wanderte.

Stratmann: „Daß das deutsche Volk, um das nationalsozialistische Unheil zu verhindern, aus lauter ,Helden' hätte bestehen müssen, kann ich nicht gelten lassen. Es hätte nur aus simplen, aber politisch vernünftig denkenden und entschlossen handelnden, bzw. einfach an ihrem Ort stehenbleibenden Staatsbürgern bestehen müssen. Der ,Widerstand' wäre dann von selbst dagewesen: in jedem Beamten, der sich verfassungswidrige und wahnsinnige Anordnungen auszuführen geweigert hätte, in jedem Professor und Lehrer, der nach wie vor bei der zuvor von ihm erkannten wissenschaftlichen Wahrheit geblieben wäre, in jedem Pfarrer, der fortgefahren hätte, das unverkrümmte Evangelium zu verkündigen, in jedem Offizier, der an dem, was er früher für seine Ehre hielt, festgehalten hätte, und in jedem schlichten Mann, der nach wie vor zu seinem eigenen und zum gemeinsam verbrieften Recht gestanden wäre. Heldentum? Nein, zivile Gesundheit! Mündigkeit statt des trostlosen Sichführenlassens! ... Als ob man durchaus ein Held sein müßte, um kein Waschlappen zu sein!

... Fragte man mich: Wer hat mehr Verantwortung dafür, daß die Dinge in Deutschland so gelaufen sind, das halbe Prozent Gangster oder die 99 Prozent der Ordentlichen, so würde ich ohne weiteres sagen: diese, die Ordentlichen."

1

„Ein verdammt kleinstädtischer Katholizismus" –

Aus der schlesischen Provinz in die Metropole Berlin

„Gelobt sei Jesus Christus!"
LICHTENBERGS GRUSS
BEIM VERLASSEN DER U-BAHN

Hätte es das kleine Kolonialwarengeschäft und die Weinstube im schlesischen Ohlau nicht gegeben, wer weiß, ob Bernhard Lichtenberg je zum Rebellen und strahlenden Hoffnungsträger geworden wäre! Der Laden gehörte seinem Vater, einem engagierten Katholiken, und wurde deshalb von den protestantischen Beamten und Kleinbürgern boykottiert, wie es damals ganz normal war. In der angeschlossenen Weinstube gab es die sogenannte „Schwarze Ecke", wo die katholische Minderheit zusammensaß und trotzig politisierte.

Mit dem unentwegten Kampf gegen Widerstände ist Lichtenberg aufgewachsen. Im niederschlesischen Ohlau an der Oder, wo er 1875 zur Welt kam, stellten die Katholiken nicht einmal die Hälfte der Bevölkerung, und die treuen Anhänger der katholischen Sache bildeten noch einmal eine Minderheit in der Minderheit: „Ohlau, o wie lau!" entfuhr es dem Fürstbischof von Breslau, als er an dem Städtchen vorbeifuhr.

Damals zur Zeit des „Kulturkampfes" gehörte freilich Mut dazu, sich als praktizierender Katholik zu bekennen. Bismarck hatte – um die politische Einheit des gerade aus der Taufe gehobenen Kaiserreichs zu sichern und jedes Paktieren der katholischen Minderheit mit den feindlichen Großmächten Österreich-Ungarn und Frankreich im Keim zu ersticken – eine harte Gangart gegen den politischen Katholizismus eingeschlagen.

Das Bistum Breslau gehörte zu Preußen, und deshalb erlitten die Ohlauer Katholiken diesen vor allem mit juristischer Munition geführten Krieg in seiner ganzen Härte: Einführung der obligatorischen Zivilehe, Abschaffung der geistlichen Schulaufsicht, staatliches Vetorecht gegen die Besetzung von Pfarrstellen, Ausweisung der verhaßten Jesuiten aus dem Reich, schließlich der von den Nazis begeistert übernommene „Kanzelparagraph" (der die Behandlung politischer Angelegenheiten in einer „den öffentlichen Frieden gefährdenden" Weise von der Kanzel herab mit Strafe bedrohte). Wie überall im Reich führte das wenig tolerante Imponiergehabe der Staatsmacht aber auch hier nur zu einer demonstrativen Solidarität zwischen den verschiedenen Flügeln der Katholiken und zu einer Stärkung der Zentrumspartei; nach dem Amtsantritt des weltmännisch-gesprächsfreudigen Papstes Leo XIII. lenkte Bismarck allmählich ein, und das protestantische Preußen schloß seinen Frieden mit einem stärker und selbstbewußter gewordenen Katholizismus.

Warum die Lichtenbergs boykottiert wurden

Welche Blüten der erbitterte Machtkampf treiben konnte und wie verhärtet das Verhältnis zwischen den Konfessionen zu jener Zeit war, zeigt ein Vorfall, der weit über die Diözese Breslau hinaus für Wirbel sorgte: Ein Ohlauer Polizeibeamter, der besonders pflichtbewußt sein wollte, hatte den Tabernakel der katholischen Pfarrkirche öffnen lassen, das Allerheiligste herausgeholt und die Hostien auf dem Polizeirevier untersucht.

Kein Wunder, daß die Wogen hochgingen und die Runde der fröhlichen Zecher in Papa Lichtenbergs Weinstube bald einem Verschwörernest glich. August Lichtenberg war als zeitweiliger Vorsitzender des Kirchenvorstandes sowie als Kreisvorsitzender und Reichstagskandidat der Zentrumspartei eine zentrale Figur unter den Ohlauer Katholiken; sein Bruder saß 25 Jahre lang für das Zentrum im Reichstag und außerdem noch eine Zeitlang im preußischen Abgeordnetenhaus.

Das leidenschaftliche Engagement der Lichtenbergs für die katholische Sache war keine unverbindliche private Marotte, sondern ging an die Existenz: Die preußische Garnison und die Stadtverwaltung drängten die mehrheitlich protestantische Bevölkerung, den kleinen Laden zu boykottieren. Um so treuer hielt die Kundschaft aus den katholischen Dörfern des Umlandes zum Kaufmann Lichtenberg. Bernhard, der zweitälteste von vier Söhnen, wurde vom täglichen Kirchgang mit der Mutter ebenso geprägt wie von den alljährlichen Ferien auf dem Gut des „Reichstagsonkels", wo er reiten und wandern konnte, und von den endlosen politischen Diskussionen in der „Schwarzen Ecke" des väterlichen Weinlokals.

Als Schüler scheint er kein Glanzlicht gewesen zu sein; er fiel weniger durch intellektuelle Leistungen auf als durch sein lebhaftes Temperament und eine Begabung zum freien Vortrag. „Lobenswert waren seine Leistungen als Vorturner", bemerkt ein Gymnasialzeugnis. Daß er Priester werden wollte, schien ihm wohl so selbstverständlich, daß er sich nie groß über seine Motive geäußert hat; jedenfalls wissen wir von keinem anderen Beruf, für den er sich je interessiert hätte. Das gilt auch für die Politik und den sozialen Bereich, obwohl jetzt deutlich wurde, wie tief sich die gebannt belauschten Debatten im „Schwarzen Eck" in sein impulsives Herz eingegraben hatten: Der Theologiestudent Lichtenberg interessierte sich brennend für soziale und gesellschaftspolitische Fragen, arbeitete im Vinzenzverein mit, dem auf Hausbesuche und Familienhilfe spezialisierten und für seine solide Mitgliederschulung bekannten Vorläufer der heutigen Caritas, und später als Kaplan in Berlin studierte er so nebenbei zwei Semester Nationalökonomie.

Seelsorge hatte für ihn also von Anfang an mit dem ganzen Menschen zu tun, durfte sich nicht auf den intimen Bereich zwischen Mensch und Gott beschränken und die konkreten Lebensbedingungen seiner Geschöpfe vernachlässigen. Doch der wache Blick über den theologischen Stundenplan hinaus steht in eigenartigem Kontrast zu der ängstlichen Unselbständigkeit, die der 19jährige Studiosus offenbarte: Aus Innsbruck, wo er 1895 sein erstes Semester absolvierte, ging jeden Tag ein Brief an die Mutter heim nach Breslau; als die Post einmal drei Tage lang ausblieb, war die arme Frau außer sich vor Angst.

„Schreib doch, lieb Mütterlein, deinem armen verlassenen Jungen oft und recht viel", bettelte Bernhard, und Emilie Lichtenberg ließ sich das nicht zweimal sagen; sie gab Ratschläge für Frühstück und Abendbrot, warnte ihr großes Kind vor Zugluft und theologischen Avantgardisten, ermunterte Bernhard aber auch, nicht zu knauserig zu sein und sich auch mal etwas zu gönnen. Hatte er ihr doch vorgejammert, eine Tasse Kaffee koste zehn Kreuzer, und ob er mit einem Kocher nicht billiger käme?

Nach dem einen Semester in der Fremde flüchtete sich Bernhard jedenfalls aufatmend heim nach Schlesien. An der Königlichen Universität zu Breslau verbrachte er die restlichen drei Studienjahre, und die Innsbrucker Studentenbude – deren Preis er von elf auf neun Gulden heruntergehandelt hatte, wie er dem Mütterchen stolz berichtete! – vertauschte er mit dem geregelten Leben eines Priesterseminaristen im Fürstbischöflichen Alumnat. Doch kaum hatte er seinen sicheren Stützpunkt in Breslau bezogen, wurde das Muttersöhnchen flügge. Der Studiosus machte Reisen nach Wien und Prag, ins Rheinland, in die Schweiz, an die italienische Adria. Er nahm am Krefelder Katholikentag und an der Generalversammlung der deutschen Katholiken in München teil.

Gegen Ende seiner Studienzeit reihten sich in rascher Folge die Weihen zu den verschiedenen kirchlichen Ämtern aneinander, vom Lektorat bis zum Diakonat, ehrwürdige Erinnerungen an die archaische Frühzeit der Kirche. Besonders beeindruckt hat ihn vielleicht die Beauftragung zum Akolythen, mit der alten Formel: „Du wirst die Lichter in der Kirche anzünden, du wirst den Wein und das Wasser verwalten. Sei ein Sohn des Lichts!" Bernhard mag damals schon geahnt haben, wie hintergründig diese scheinbar so unbedeutende Zulassung zu einem höheren Ministrantendienst ist, konfrontiert sie die Mächte der Finsternis doch mit der sieghaften Kraft des Lichts. Und er mag den festen Entschluß gefaßt haben, von nun an das Licht der Wahrheit am Leuchten zu halten und die Finsternis des Hasses, des Rassenwahns, der Ausgrenzung von Menschen zu vertreiben.

„Priester in Ketten und Banden"

Am 21. Juni 1899 war es soweit: Fürstbischof Georg Kardinal Kopp erteilte ihm im Hohen Dom zu Breslau die Priesterweihe – ihm und 87 weiteren Kandidaten, eine Personaldecke, von der ein Bischof heute nur träumen kann. Aber damals war die Welt für die Katholiken trotz des eben überstandenen Kulturkampfes noch paradiesisch heil, das Dogma unangefochten, die Treue zu Rom von keinen Zweifeln angekränkelt und die bischöfliche Autorität fraglos akzeptiert. Kardinal Kopp regierte so autokratisch, daß der schlesische Klerus die Zehn Gebote umdichtete und sich respektlos zuflüsterte: „Ich bin der Herr, dein Kopp, du sollst keine anderen Köppe neben mir haben" – und trotzdem wurde er geliebt. Nicht zuletzt deshalb, weil er sich im Konflikt mit Bismarck als geschickter Taktiker erwiesen hatte.

Vielleicht hat die Breslauer Bischöfliche Behörde damals auch ihre skeptische Meinung über die laxen Ohlauer Katholiken revidiert, bewegte sich doch zur Primiz des Kaufmannssohnes Lichtenberg zum ersten Mal seit dem Kulturkampf eine glanzvolle Prozession durch die Straßen. Ein Freund der Familie hielt ihm die Primizpredigt, deren Thema so ernst klang, als habe er Lichtenbergs elendes Gefängnisleben vier Jahrzehnte später schon vorausgesehen: „Ein Priester bleibt Priester, und wäre er in Ketten und in Banden."

Am Lebensstil des Neugeweihten änderte sich zunächst nicht viel, denn man schickte ihn als Kaplan nach Neisse, das man das „schlesische Rom" nannte: eine überschaubare Kleinstadt wie Ohlau, kernkatholisches Milieu, ein von Gottesdienstordnung und Angelusläuten geprägter Tageslauf, an jeder Ecke eine Kirche oder eine Marienstatue. Die Priestersoutane gehörte zum Stadtbild, die Kinder grüßten respektvoll. Reste von

Kulturkampfmentalität ohne die von Ohlau her gewöhnten Spitzen, denn die Katholiken waren unter sich.

Kein schlechter Ort zum Lernen für einen jungen Priester. Aber Lichtenberg zog es in die Großstadtseelsorge. Zum Glück gehörten Berlin, die Mark und Pommern um die Jahrhundertwende noch zum Breslauer Seelsorgsbezirk, und schlesische Priester wurden in die Berliner Diaspora geschickt, weil es dort viel zu wenige gab (Verstärkung kam traditionell auch aus Westfalen, so schon 1849 der spätere „Arbeiterbischof" Wilhelm Emmanuel von Ketteler – als Propst von St. Hedwig einer von Lichtenbergs Vorgängern – oder 1906 der spätere Bischof von Münster und wortgewaltige Nazi-Gegner Clemens August Graf von Galen). Schon nach einem Jahr, im August 1900, versetzte man den 24jährigen nach Friedrichsberg-Lichtenberg, das bald darauf nach Berlin eingemeindet wurde.

Eine etwas komplizierte Adresse, denn der Kaplan Lichtenberg war nun über die Poststation Friedrichsberg beim „Dorf" Lichtenberg zu erreichen, das in dem Vierteljahrhundert seit der Reichsgründung 40 000 Einwohner dazugewonnen hatte und bis zur Eingemeindung auf 80 000 anwuchs. Zu allem Überfluß hatte er auch noch einen geistlichen Onkel, Pfarrer Lichtenberg, der in Lichtenberg bei Krotkau in Schlesien wohnte. Die armen Postbeamten werden an den vielen Lichtenbergs auf den Briefumschlägen wohl manchmal verzweifelt sein und aufgeatmet haben, als der Kaplan zwei Jahre später nach Berlin-Charlottenburg versetzt wurde.

Berlin: Boulevards und Mietskasernen

Berlin um die Jahrhundertwende, eine vor Tempo und Rhythmus explodierende Metropole, ein kultureller Schmelztiegel, hektisch, chaotisch, unüberschaubar, nicht zu vergleichen mit der geordneten Welt, die Lichtenberg bisher kennengelernt hatte. Mit mehr als zwei Millionen Einwohnern (davon nur 10 Prozent Katholiken) platzte die Reichshauptstadt bereits aus allen Nähten, und immer neue Menschenmassen strömten von überallher in das größte Industriezentrum des Kontinents, Entwurzelte auf der Suche nach Arbeit und Lebenschancen. Ob sie aus Schlesien oder dem Ruhrgebiet kamen, im Eldorado Berlin hofften sie Ausbildung und Verdienst zu finden, weltstädtisches Flair und vielleicht auch ein wenig Sinnenreiz und Nervenkitzel. „Diese Stadt", schrieb ein zeitgenössischer Journalist, „steht wie ein letztes fernes Leuchten über mühseligem, ächzendem, verhungerndem Land."

Aber die erträumte Straße zum Glück entpuppte sich allzu oft als Sackgasse: schmutzige Gelegenheitsjobs statt der großen Lebenschance, elende Mietskasernen und Kellerquartiere statt eleganter Wohnkultur, am Ende nicht selten das Obdachlosenasyl oder Bordell. Eine goldene Nase verdienten sich hier nur die Bauunternehmer und Bodenspekulanten, die Miethaie und Arbeitsvermittler. Im brutalen Kampf um den Platz an der Sonne blieben viele auf der Strecke, und wer es schaffte, sich den Gesetzen von Tempo und Konkurrenzkampf anzupassen, war doch im Herzen heimatlos geworden.

Eine ganze Welt war in Umbruch geraten: Deutschland wandelte sich vom Agrar- zum Industriestaat; innerhalb eines Jahrhunderts hatte die Bevölkerung um das Zweieinhalbfache zugenommen; soziale Bindungen lösten sich auf; überall auf dem flachen Land fanden

Kleinbauern, Tagelöhner, Mägde, Handwerker keine Arbeit mehr; Hunderttausende drängten in die Städte und aufblühenden Industriereviere, wo man aber nur einen Teil der Zuwanderer brauchen konnte. Wie hätte man auch über Nacht Wohnraum und Beschäftigung für all die Massen schaffen sollen?

Am schlimmsten war es in Berlin, das in sechs Jahrzehnten einen Zuwachs um 1,5 Millionen Menschen verkraften mußte. Aus der biedermeierlichen Residenzstadt war längst ein ineinandergeschachteltes Gewirr aus Handels- und Transportzentren, Fabrikschloten und Gasometern, vielgeschossigen Mietskasernen und wüstenartigen Schuttabladeplätzen geworden.

Flirrendes Leben in der City: Alteingesessene Berliner klagten über den „nervenzerfetzenden Verkehr" in der Friedrichstraße, deren Fahrbahn man nur unter Lebensgefahr überqueren könne – obwohl es doch noch kaum andere Verkehrsmittel gab als Pferdedroschken, Straßenbahnen und Radfahrer. Am Anhalter Bahnhof kamen die Züge aus München, Wien, Basel und Paris an, seine Hallenkonstruktion erinnerte an einen Tempel, seine Warteräume mit ihren Kassettendecken, vergoldeten Säulen und Bronzelampen an feudale Ballsäle.

Die Genußgier der Reichen blähte sich in den Kaufhallen und teuren Restaurants; in den von tausend Gasflammen erhellten Nächten flanierte mondäne Eleganz über die Boulevards; die Grand monde traf sich zur Soiree in der Villa irgendeines Kommerzienrats oder Industriemagnaten, während die Boheme der Maler und Literaten laszive Feste in den Künstlerateliers feierte. Klaus Mann hat diese Atmosphäre in wohligem Schauder geschildert: „‚Schaut mich nur an!' schmetterte die deutsche Kapitale, prahlerisch noch in der Verzweiflung. ‚Ich bin Babel, die Sünderin, das Ungeheuer unter den Städten. Sodom und Gomorra zusammen waren nicht halb so verderbt, nicht halb so elend wie ich! Nur hereinspaziert, meine Herrschaften, bei mir geht es hoch her, oder vielmehr, es geht alles drunter und drüber.'"

Oder so treffsicher knapp formuliert, wie es nur der sogenannte Volksmund kann:

„Du bist verrückt, mein Kind,
du mußt nach Berlin,
wo die Verrückten sind,
da gehörste hin!"

Schnoddriges Verhältnis zum lieben Gott

Schärfer hätten die Gegensätze nicht sein können: hier die sorglose Operettenstimmung der neureichen Nichtstuer und die behäbige Häuslichkeit des Großbürgertums mit seinen überladenen Wohnzimmern, schweren Gobelins und goldgerahmten Historienbildern; dort die dunklen, feuchten Elendsquartiere im Keller und unter dem Dach, niedrige Räume ohne Licht und Luft, in denen zugleich gewohnt, geschlafen, gekocht, gewaschen und gebügelt wurde, in denen blasse Kinder aufwuchsen und manchmal noch eine Nähmaschine ratterte, weil sich die Bewohner mit Heimarbeit ein paar Pfennige verdienten, winzige Bruchbuden, in denen sechs-, acht-, zehnköpfige Familien zusammengepfercht waren.

Kindheit bedeutete in den armen Stadtbezirken nicht Spielen und unbeschwertes Herumtollen, sondern Hunger, Betteln, Lumpensammeln, frühe Lohnarbeit. Nur ein Drittel der Berliner Schulkinder genoß den Luxus eines eigenen Bettes. 5,2 Prozent betrug die Säuglingssterblichkeit 1905 im feinen Tiergarten-Viertel, im proletarischen Wedding dagegen 42 Prozent. „Mein kleiner Bruder", erinnert sich ein literarisch begabter Arbeiter, „saß den ganzen Tag in dem dunstigen Raum.

Es war wirklich kein Wunder, daß er kurze Zeit darauf diese schäbige Welt wieder verließ. Das war sehr schlau gehandelt, wie mein Vater damals sagte."

Doch auch die Erwachsenen bezahlten das elende Dahinvegetieren in den feuchten Wohnlöchern mit Mangelerkrankungen, Augenleiden, Bleichsucht, nicht selten mit Tbc oder einer tödlichen Lungenentzündung. Das stundenlange Treten der Nähmaschine über Jahre hinweg löste Fehlgeburten und Unterleibserkrankungen aus.

„Zu Großem sind wir noch bestimmt, und herrlichen Tagen führe ich euch entgegen!" hatte der in Uniform und Pathos verliebte Operettenkaiser Wilhelm II. getönt. Kaiserliche Hofbälle und Manöver, kaiserliche Polizisten zu Pferde mit Pickelhaube und Säbel und kaiserlich-geschmacklose Denkmäler bildeten die entsprechende Fassade in der Hauptstadt. Doch als sich der Monarch einmal in die „schlechten" Viertel wagte, da tönte es ihm fordernd entgegen: „Brot und Arbeet!"

1901, 1907 und dann wieder zum Kriegsende 1918 führten Wirtschaftskrisen zu Massenarbeitslosigkeit, und die ungelernten Kräfte vom Land verloren über Nacht ihren ohnehin bescheidenen Verdienst. Spätestens dann traten die Kirchen mit ihren noch ziemlich dilettantisch organisierten Hilfsprogrammen in Aktion, mißtrauisch beobachtet von den Proletariern, die hinter Suppenküchen, Waisenhäusern, Gefängnisfürsorgebüros und Heimen für gefallene Mädchen eigennützige Seelenfängerei vermuteten. Mußte man sich den heißen Eintopf nicht in der Regel mit ein paar frommen Liedern verdienen? Und predigten die „Volksmissionare" nicht voll donnernder Empörung, Hunger und Arbeitslosigkeit kämen nur daher, daß sich die Massen an den göttlichen Stiftungen Familie, Staat und Kirche versündigt hätten?

Mit mal gutmütiger, mal aggressiver Reserve begegnete Berliner Eigensinn ja immer schon dem lieben Gott und seinen irdischen Angestellten. Hierzulande versteckt man die angeborene Schüchternheit hinter einer großen Schnauze und das verwundbare Herz hinter grober Schnoddrigkeit. „Wozu is de Kirche?" ließ die Berliner Spottdrossel Adolf Glaßbrenner schon lange vor Lichtenbergs Zeiten seinen berühmten Rentner Buffey fragen, und Sohn Willem gab die klassische Antwort: „Damit man des Orjeln hört!" Buffey wollte ihm auf die Sprünge helfen und formulierte seine Frage präziser: „Was soll der Mensch in der Kirche?" Worauf Willem nicht minder konkret erwiderte: „Einen Groschen in den Klingelbeutel schmeißen." Womit Willem zwar eine gewisse Distanz zur Institution Kirche verraten, das menschenfreundliche Evangelium aber eigentlich ganz gut verstanden hat.

Und es ist ja nicht so, daß Berlin in der Kirchengeschichte etwa keine Rolle gespielt hätte! Zisterzienserklöster haben die Mark Brandenburg zivilisiert und eine sehr fortschrittliche Landwirtschaft betrieben. Im 18. Jahrhundert bildete Berlin zunächst das Zentrum des pflichtbewußten, bereits sozial engagierten Pietismus und dann der christlichen Aufklärung.

Die Katholiken hatten es nicht leicht im protestantisch dominierten Berlin; ihre Gemeinde bestand zuerst nur aus westfälischen Kaufleuten und Beamten und ein paar Garnisonssoldaten. Doch mit der Industrialisierung des 19. Jahrhunderts und dem geschilderten Zustrom zahlloser Landarbeiter und Bauerntöchter aus Schlesien und Posen, Westpreußen und dem Ermland nahm auch der Berliner Katholizismus eine rasante Aufwärtsentwicklung. Klöster, Kirchenbauten, Arbeitervereine schossen aus dem Boden.

Ein zukunftsweisendes Modell für Christentum in

der Großstadt war diese expandierende Gemeinde zunächst freilich nicht; man blieb unter sich, kapselte sich in Kirchen und Vereinen ab. „Berlin ist eine Großstadt, aber der Berliner Katholizismus ist verdammt kleinstädtisch", ärgerte sich nach dem Ersten Weltkrieg der Studentenpfarrer, Sozialarbeiter und Kirchenzeitungsgründer Dr. Carl Sonnenschein.

Brevierbeten in der U-Bahn

Den „katholischen Bahnhof" nannten ihn die Berliner in gutmütigem Spott, den Schlesischen Bahnhof, der all die arbeitsuchenden Zuwanderer aus den preußischen Ostgebieten ausspuckte und im August 1900 auch den Kuraten Bernhard Lichtenberg empfing. Er werde keine 50 Katholiken in dem riesigen Pfarrbezirk vorfinden, hatte ihm sein Nachbarpfarrer nicht gerade ermutigend geschrieben, alle anderen werde er erst suchen und gewinnen müssen.

Tatsächlich ging es in den ersten Gottesdiensten in dem Behelfskirchlein St. Mauritius zu wie in den Filmen um Don Camillo: vorn am Altar ein hilflos-bemühter Priester und in den Kirchenbänken ein paar schwerhörige alte Weiblein. Für den neuernannten Kuraten muß es ein Kulturschock gewesen sein, die sichere Geborgenheit der schlesischen Pfarre, wo auch ein Kaplan ein kleiner Herrgott gewesen war, mit der tristen Unbehaustheit in diesem kirchenfernen Milieu zu vertauschen.

Man bestaunte den Zugereisten in seinem merkwürdigen Talar wie ein Tier aus dem Zoo. „Mensch, wie siehst denn du aus?" entfuhr es einer Frau in langgedehntem Dialekt, die vor der Pfarrhaustür stehenblieb, ihr Kind auf dem Arm, und der ungewohnten Priestergestalt nachsah. Verwirrt schloß der Kurat die offenstehende Pforte, und die Frau kommentierte, immer noch träge staunend: „Ja, mach die Bude zu!" Lichtenberg hat die Episode später selbst amüsiert zum Besten gegeben, in einem Brief zum Goldenen Jubiläum eben jener Diasporakirche St. Mauritius; da saß er in einer Gefängniszelle in Berlin-Tegel und hatte viel Zeit, in alten Erinnerungen zu kramen.

Würde er sich je heimisch fühlen auf dieser ewigen Baustelle, wo es von Schuttbergen und Müllhalden wimmelte und an allen Ecken und Enden Gewerbehallen und Mietskasernen aus dem Boden gestampft wurden? Zwischen Lichtenberg und Berlin lag damals noch eine unbebaute Wüste. Hatte nicht der Studiosus Lichtenberg seinen Eltern von einer München-Reise geschrieben: „Ich werde mich in einer großen Stadt wohl nie ganz wohl fühlen"? Erinnerte er sich nicht viel später noch, in dem zitierten Gefängnisbrief, an seine anfängliche Verwirrung? „Daß ich in eine Arbeiterpfarrei gekommen war, wollte mir lange nicht einleuchten, man hatte eben in Schlesien andere Begriffe. Nur die alten Mütter, die im großen Umschlagtuch jeden Morgen zur hl. Messe kamen, blieben ihrer alten Mode treu." Und doch sei ihm die zunächst furchterregende Großstadt eine zweite Heimat geworden!

Lichtenberg ging vertrauensvoll auf diese fremde Welt zu, bereit, zu lernen und zu hören; verbiegen ließ er sich nicht. Ungerührt schritt er in voller liturgischer Kleidung durch die Straßen, wenn er einen Versehgang zu machen hatte, läutete nach alter Tradition mit dem Silberglöckchen und ertrug die spöttischen Bemerkungen der Passanten mit Gleichmut. Die lange Soutane ließ er sich nicht ausreden; jeder Bäcker habe seine weiße Tracht, jeder Feuerwehrmann seine Uniform, warum solle er nicht die Soutane tragen?

In der gerade eröffneten U-Bahn, eingezwängt in eine Menschentraube, schlug er ein großes Kreuz und begann sein Brevier zu beten, als säße er im Frieden einer stillen Dorfkapelle. Natürlich konnte es passieren, daß ihn einer dumm anredete; dann gab Lichtenberg schlagfertig zurück, er habe ja auch nichts dagegen, daß sein Gegenüber die „Rote Fahne" lese, also solle der ihn auch in Ruhe sein Brevier lesen lassen. Und wenn er die U-Bahn verließ, verabschiedete er sich mit einem extra lauten „Gelobt sei Jesus Christus!"

Manchmal nahmen solche Konfrontationen auch gefährlichere Formen an. Ein betrunkener Kutscher ärgerte sich über den Pfaffen, der da an einem frostigen Wintermorgen mit dem roten Lämpchen und der schon erwähnten kleinen Glocke durch den Schnee stapfte, auf dem Weg zu einem Sterbenden. Er holte mit der Peitsche aus und hieb sie dem Priester ins Gesicht. Der sah den Rowdy nur groß an, dem sein Jähzorn jetzt selbst peinlich gewesen sein mag. Lichtenberg aber erinnerte der rote Striemen im Gesicht noch lange daran, was es kosten konnte, sich in diesem Milieu als Christ zu erkennen zu geben.

Er verachtete und haßte das Milieu nicht, das ihn ablehnte wie alles Bürgerliche und in der Religion nur die Heuchelei der satten besitzenden Klasse sehen konnte. Im Gegenteil, er versuchte zu verstehen. Der biedere Kleinstädter sprang über seinen Schatten und ging in die Kellerlöcher und Notquartiere. Er saß an den leeren Tischen der Wohnküchen und an den Betten der schwindsüchtigen Kinder. Er begann zu begreifen, warum diese Elendsgestalten von einer Revolution träumten, warum sich ihre Töchter verkauften und ihre Söhne zu Ganoven wurden.

Ein Prediger wie bei Shakespeare

Lichtenberg muß ein besessener Seelsorger gewesen sein, ohne Amtsallüren und Berührungsängste, immer präsent, voller Hingabe. Eines Tages ließ ihn ein Schwerkranker rufen, beschrieb den Weg aber wohl nicht exakt genug. Der Kurat fand sich vor einem mannshohen Bretterzaun. Doch wozu war er in der Schule so ein guter Vorturner gewesen? Er kletterte behende über das Hindernis, zerriß sich die Soutane – aber er war rechtzeitig bei seinem Kranken; das allein zählte.

„Jetzt arbeiten Sie sich aber nicht kaputt", warnte ihn ein Freund, „Sie kennen kein Maß". Es ist überliefert, daß er stundenlang durch die Nacht wanderte, wenn er irgendwo in Berlin an einer Versammlung teilgenommen hatte oder als Redner aufgetreten war und die letzte Straßenbahn verpaßt hatte – nur um ganz rasch wieder in seiner Pfarrei zu sein.

Als ihm ein Eisenbahner bedauernd erklärte, er könne sonntags leider nicht zur Messe gehen, sein Dienst beginne zu früh, da richtete Lichtenberg unverzüglich einen zusätzlichen Gottesdienst um dreiviertel fünf Uhr morgens ein, den er natürlich selbst übernahm – grundsätzlich mit Predigt, auch wenn sich nur fünf Zuhörer in die Kirche verirrt hatten. Dieselbe Idee hatte am anderen Ende Deutschlands übrigens der Münchner Männerseelsorger Rupert Mayer, ein kantiger Nazi-Gegner wie Lichtenberg. Er erfand die Gottesdienste im Wartesaal des Münchner Hauptbahnhofs und hielt die ersten beiden selbst, zwölf Jahre lang, jeden Sonntagmorgen um 3.20 Uhr und 4.05 Uhr. Sein Argument: „Wir werden den Leuten die Kirche noch überallhin nachtragen müssen!"

Ansonsten besaß Lichtenberg weder irgendwelche

besonderen Seelsorgsmethoden noch eine originelle Theologie. Er hatte nur sein Herz und eine unbändige Menschenliebe. Wir wissen nicht, was er von den großen Aufbrüchen jener Jahrzehnte mitbekam, von der allmählichen Ablösung des streng hierarchisch bestimmten Kirchenbildes – einer Pyramide aus wenigen Machthabern und zahllosen Untertanen – durch das Modell des Gottesvolkes als lebendiger Organismus von Menschen mit unterschiedlicher Begabung und gleicher Würde. Wir wissen nicht, ob er sich nach dem Ersten Weltkrieg für die Jugendbünde begeistern konnte mit ihrer Sehnsucht nach Gemeinschaft und natürlich gelebtem Glauben oder für die Liturgische Bewegung mit ihrem Programm einer bewußten Teilnahme der ganzen Gemeinde am gottesdienstlichen Geschehen.

Er war doch eher der konservative Katholik aus der Kleinstadt geblieben, der sich wohl auch ein Stück Heimat und innerer Sicherheit bewahrte, wenn er mit dem roten Lämpchen seine Versehgänge machte oder mitten auf der Flaniermeile „Unter den Linden" Brevier betete. Seinen Zuspruch kleidete er gern in Kinderreime wie „Immer heiter, Gott hilft weiter" oder „Kein Teufel kann dich überwinden, du mußt den Weg zum Himmel finden".

Er liebte die traditionellen Frömmigkeitsformen und stellte auf sechs engbeschriebenen Seiten Ratschläge für das fruchtbringende Beten der Herz-Jesu-Litanei zusammen: Am besten solle man über jede der 33 geheimnisvollen Anrufungen dieser Litanei einen ganzen Tag oder eine Woche lang nachdenken, um in die Weisheit Gottes einzudringen.

Doch seine Beheimatung im Herkömmlichen scheint Toleranz nicht ausgeschlossen zu haben: Als er selbst Pfarrer geworden war, ließ er seine Kapläne mit einem großen Vertrauensvorschuß in Freiheit wirken und freute sich, wenn sie ihren eigenen Stil fanden. Das haben seine Mitarbeiter jedenfalls übereinstimmend berichtet. Und in St. Mauritius schätzte er einen Maurerpolier und einen Werkmeister als treueste Stützen des Pfarrers; beide lebten in einer Mischehe (was damals vielen Katholiken noch skandalös erschien).

Man möchte gern mehr erfahren über die Art, wie dieses Energiebündel mit dem Kindergemüt Gottesdienst und Religionsunterricht hielt, was er frisch getrauten Paaren sagte oder welchen Trost er am Grab spendete. Fast nichts ist erhalten. Wir wissen nur, daß er viel Mühe auf Konvertitenlehrgänge verwendete und daß er in seinen Gemeinden ein tägliches Abendgebet in der Kirche einführte, mit geistlicher Lesung, Gewissenserforschung, Rosenkranz, Litanei und frei formulierten Fürbitten, in die er alle kleinen Sorgen der Pfarrei und alle großen Nöte der Menschheit einschloß, bis zum Gebet für die Juden und KZ-Opfer, das ihn schließlich die Freiheit kostete. Dieses Abendgebet endete regelmäßig mit einem Lied; Lichtenberg spielte selbst die Orgel dazu und überdröhnte die ganze Gemeinde mit seiner kräftigen Stimme.

Ein donnernder Redner ist er gewesen – ob auch ein guter, läßt sich nicht mehr ermitteln. Rhetorische Kunstgriffe scheint er bewußt verschmäht zu haben – bis auf geschickt gesetzte Pausen –, statt dessen brachte er auch auf der Kanzel seine gereimten Merksprüche und nicht immer passende gefühlvolle Geschichten. Manchmal klagte er ein wenig viel – etwa in einer frühen Fastenpredigt, wo das Menschenleben ein ums andre Mal als „Kriegsdienst" und eitles Treiben geschildert wurde –, und wenn er den laxen Zeitgeist anprangerte, verfiel er in ein ziemlich holzschnittartiges Weltbild.

Er hatte keine außergewöhnlichen Ideen zu verkünden, wählte abgegriffene Bilder, predigte so hausbacken und durchschnittlich und ein wenig langweilig wie tausend andere auch – und die Menschen hingen an seinen Lippen, weil sie spürten: Der da auf der Kanzel glaubt jedes Wort, was er sagt, und vielleicht spricht er deshalb so wenig brillant und kunstlos, um nicht vom Wesentlichen abzulenken.

Exakt 2578 Predigten hat er verfaßt (er hat genau Buch darüber geführt), und er trug sie mit gewaltiger Stimme vor wie ein Shakespeare-Darsteller. Seine theatralische Sprache hat nicht allen gefallen; Litaneien betete er nach dem Bericht eines Zeitgenossen „wie einen Sturmangriff" vor, „als wolle er den Himmel zur Kapitulation zwingen". Und beim Rosenkranz wechselte er bei jedem Ave die Tonlage.

In einer Vorortgemeinde, deren Kirche noch im Bau war, hielt er einmal in einer Privatwohnung Gottesdienst, und ohne Rücksicht darauf, daß er sich in einem verhältnismäßig kleinen Zimmer vor wenigen Zuhörern befand, hob er in der gewohnten bühnenreifen Art zu predigen an. Da ließ sich das dünne Stimmchen eines Kindes vernehmen: „Mami, warum schreit der Mann so?"

Doch Lichtenbergs Predigttechnik war den meisten seiner Pfarrkinder im Grunde genauso gleichgültig wie seine theologische Richtung. Sie waren glücklich, daß ihr Pfarrer eine ehrliche Haut war, geradeheraus, grundgut und voller Verständnis für ihre Sorgen und Schwächen. Und sie liebten ihn für seine herzerfrischend nüchternen Lebensweisheiten: Freudestrahlend kam ein Mann zu ihm mit einem vermeintlich unfehlbaren Gebet gegen die Kopfschmerzen seiner Frau. Eine gebieterische Anrufung des heiligen Erzengels Michael war es, und ein guter Freund hatte es mühsam aus dem Lateinischen übersetzt.

Solch frommen Aberglauben konnte Lichtenberg nicht ausstehen. Er besann sich nicht lange und gab der naiven Seele den Rat: „Stecken Sie das Blatt in den Ofen und kochen Sie sich einen guten Kaffee damit und legen Sie Ihrer Frau einen nassen Lappen auf den Kopf. Das wird ihr besser tun als dieses dumme Zeug da!"

2

„Im lieben Gott ist lauter Freude" –

Bezaubernder Dickschädel mit einem Kindergemüt

„Der Weg zum Verstand führt oft durchs Herz"
BERNHARD LICHTENBERG

Er wollte Seelsorger sein und sonst nichts, kein Erfolgsredner, kein kirchlicher Spitzenfunktionär, sondern „Pastor", Hirte im schlichten Wortsinn, wie man das damals noch unbefangen verstand. Als ihm ein Mitbruder nach seiner Berufung in das Berliner Domkapitel 1931 gratulierte, schrieb er ein wenig erschrocken zurück, er danke für die Glückwünsche „und bitte um ein Memento, daß ich in meinem neuen Amt auch noch Seelsorger sein kann".

Der Priester Lichtenberg, halb erdrückt von tausend Pflichten und – später im Domkapitel – Ämtern und Verantwortlichkeiten, ließ sich vom prallgefüllten Terminkalender nicht beirren: Stundengebet nach mönchischer Tradition, stille Meditation und Abendgebet mit der Gemeinde blieben die Eckpfeiler seines Arbeitstages. Ruhezonen, um in all der Hektik nicht zu zerfasern und die Mitte nicht zu verlieren, die diesen Aktivitäten erst Sinn und Tiefe geben konnte.

Der Priester Lichtenberg fand seine Kraftquelle nicht in irgendwelchen Handbüchern oder in der Bewunderung treuer Anhänger, sondern im einsamen Gespräch mit Christus. Die Sakramentskapelle von St. Hedwig wurde später sein liebster Ort; hier hielt er Einkehr, wenn er zu einem Verhör bei der Gestapo bestellt war oder einen schwierigen Hausbesuch vor sich hatte. Hier fand er einen Freund, dem er alles sagen konnte und der ihn auch in der tiefsten Verzweiflung nicht allein ließ.

Denn natürlich hat auch dieser knorrige Hüne mit dem Kinderglauben, der soviel robustes Selbstbewußtsein ausstrahlte, Seelenangst und Glaubenszweifel gekannt. „Es gibt Stunden, in denen auch ein Priester versucht ist zu verzweifeln", bekannte er – der sonst so selten über sich sprach – sogar freimütig in der Gerichtsverhandlung. 1939, herzkrank und mit einer sehr schweren Nierenentzündung hilflos im Krankenhaus liegend, verfiel er in einen Abgrund von Depression: „Ich kann nicht mehr die heilige Messe lesen", klagte er gegenüber einem Besucher, „ich kann nicht Rosenkranz beten, ich bringe nicht mal ein Vaterunser zustande, ich kann nur immer seufzen: ,Ach du lieber Gott!'"

Kinderglaube und seelische Abgründe

Die knappe Bemerkung in seinem Notizbuch „Seelsorger bist Du auch für Dich" läßt tief blicken. Er wußte, daß hilflose Helfer niemandem nützen, daß man sich selbst lieben können muß, um anderen das Herz zu öffnen, daß keiner überzeugend von Gottes Güte reden kann, der mit sich selbst nicht barmherzig umgeht. Die Notiz zeigt aber auch, daß es Abgründe in ihm gab und daß er sie kannte.

Abgründe und eine plötzlich auftauchende Leere, die nur ein kompromißlos liebender Gott füllen konnte, ein Gott, der keinen abschreibt und hartnäckig an jeden

Menschen glaubt. Deshalb benahm sich dieser notorische Dickschädel, der den Mächtigen furchtlos gegenübertrat und sich die Courage von niemandem abkaufen ließ, im Glauben wie ein Kind. Er litt unter der allgegenwärtigen Gewalt, unter der elenden Lage seiner Menschenbrüder, schon in der Kaiserzeit und der Republik von Weimar, um wieviel mehr später im Nazi-Reich – aber nie wäre es ihm in den Sinn gekommen, deshalb an Gott zu verzweifeln.

Dieser Gott war ihm keine abstrakte theologische Größe oder ein Predigtgegenstand aus dem Katechismus, sondern ein persönliches Gegenüber, dessen zärtliche Liebe und unverbrüchliche Treue er tagtäglich erfahren durfte. Kein himmlischer Buchhalter, der ihm seine Leistungen vorrechnete, sondern eine Quelle von Kraft und Lebensmut und ein Grund zur Freude: Das sei doch sonnenklar, „daß im lieben Gott lauter Freude ist und daß er uns seinen lieben Sohn geschenkt hat, damit wir Freude haben!"

Es ist bestimmt kein Zufall gewesen, daß eines seiner stärksten religiösen Erlebnisse mit so einem Ausdruck unschuldiger Freude verbunden war: Eines Tages betrat der Student Bernhard Lichtenberg den Breslauer Dom, als dort die Laudes – das Morgengebet der Klöster und Kathedralen – gesungen wurde und man gerade den 62. Psalm anstimmte: „Deus, Deus meus, ad te de luce vigilo – Gott, mein Gott, zu dir erwache ich am frühen Morgen!" Nach mehr als 40 Jahren gestand er in seinem Tagebuch, diese Worte hätten ihn durch sein ganzes Leben begleitet, und am liebsten würde er vor seinem Tod noch ein Buch mit diesem Titel schreiben. „Und wer es liest, soll immer seine Freude daran haben, daß er täglich zum lieben Gott erwachen darf!"

Lichtenbergs Glaube kannte die Finsternisse und war doch eine fröhliche Angelegenheit, von dem lautstark geschmetterten Lied, das an keinem Morgen fehlen durfte und das er selbst am Harmonium begleitete, bis zu den Ferienreisen und Kneippkuren, die sich der sonst so rastlose Schwerarbeiter im Pfarrhaus immer wieder einmal gönnte. Es war ein Glaube ohne das vergrämte schlechte Gewissen, das manche christliche Opferseelen so wenig sympathisch macht: „Ja, lieber Gott", schrieb er seiner über alles verehrten Mutter zu deren 79. Geburtstag, „wir danken Dir für jeden Tag und jede Stunde, für jeden Kampf und jeden Sieg, für jede Prüfung und jeden Lohn, für jedes Leid und jede Freude."

Wobei Lichtenberg Gottvertrauen nach Kinderart keineswegs mit naiver Blindheit verwechselte: Ein „unfrommer" Priester sei blind auf einem Auge, pflegte er zu sagen, aber ein unwissender blind auf dem andern (und manche sogar auf beiden). Und so sehr er sich freute, wenn jemand zum Katholizismus übertrat, er warnte doch auch: „Nicht immer sind jene Konversionen segensreich, die aus scheinbar sehr idealen Gründen erfolgen. Die Enttäuschung ist manchmal groß, wenn der Konvertit nachher die Erfahrung macht, daß in der heiligen Kirche nicht jeder ein Heiliger ist. Verstand und Herz wollen eben beide auf ihre Rechnung kommen, aber der Weg zum Verstand führt oft durchs Herz, und dieser Weg ist nicht übel."

Sein Lieblingsgebet war natürlich wieder ein kindlich schlichter Text, eine Art Liebeslied an den Heiland aus dem 12. Jahrhundert, als die Frömmigkeit einen dramatischen Umbruch erlebte und aus dem majestätisch am Kreuz thronenden König der Menschenqualen leidende Schmerzensmann wurde, aus dem gewappneten Heerführer Krist der barmherzige Bruder aller Menschen. „Jesu dulcis memoria" hieß dieser Hymnus, den Lichtenberg an Sterbebetten auswendig zu beten pflegte und der in deutscher Übersetzung so beginnt:

„O lieber Jesus, denk ich dein,
strömt Glück in meine Seele ein;
doch meine höchste Freude ist,
wenn du, o Jesus, bei mir bist ...
Du tröstest den, der Buße tut,
gibst dem, der bittet, neuen Mut;
dich suchen, nimmt von uns das Leid,
dich finden, welche Seligkeit!"

Und jedes Gebet, jede Meditation, auch jede abendliche
Zusammenkunft der St. Hedwigsgemeinde schloß Lichtenberg mit der ebenso gravitätischen wie innigen Formel: „Es geschehe, werde gelobt und in Ewigkeit hochgepriesen der süßeste, heiligste und gerechteste Wille
Gottes, unerforschlich in seinen Höhen und Tiefen, jetzt
und in alle Ewigkeit. Amen."

Die Menschen spürten, wie intensiv dieser bisweilen
kauzige, rauhbeinige Mensch in der Nähe Gottes lebte.
Das vielleicht schönste Kompliment hat ihm eine einfache
alte Frau gemacht, die über Lichtenberg nur wenige Sätze
sagte: „Ich war weit von Gott entfernt. Er hat mich bekehrt. Er war immer gut wie ein Vater, war ganz bei Gott."

Kinder haben ein untrügliches Gespür dafür, ob ein
Mensch echt ist oder heuchelt. Und Kinder waren es,
die Lichtenberg in begeisterter Liebe anhingen. Kinder
aus den Elendsvierteln in Berlin-Charlottenburg, denen
er Kleider und Spielsachen brachte, unheilbar kranke
Kinder aus dem Wiener „Haus der Barmherzigkeit", wo
er mehrfach seine Ferien verbrachte. Auch als sie ins
schwierige Alter kamen, mit 16 oder 17, sollen sie sich
über den Religionslehrer Lichtenberg nie respektlos geäußert haben, seinem bisweilen etwas altväterlichen Benehmen zum Trotz. Ja, sie gaben ihm sogar einen Spitznamen, der jede Menge Hochachtung ausdrückte: „den
Papst" nannten sie ihn.

Er war ja auch ein bezaubernder Mensch, der Priester Lichtenberg, der seinem Mütterchen – Vater und Mutter lebten in seinem Pfarrhaushalt – die Nähnadel einfädelte, weil die alten Augen nicht mehr so recht wollten, und den Eltern aus der Ferne rührende Ansichtskarten schickte, adressiert „an meine allerliebsten alten Herrschaften" und in dem Segenswunsch gipfelnd: „Gott schütze meine diamantenen Edelsteine!"

Der Nichtraucher Lichtenberg paffte in edler Selbstüberwindung eine Zigarre mit, wenn er kettenrauchende Gäste hatte. Und als sein erster Kaplan Johannes Surma eines Tages den verrückten Wunsch äußerte, er möchte einmal mit Aeolsharfe und Klarinette geweckt werden, entlockte der hochmusikalische Pfarrherr am nächsten Morgen seinem Harmonium tatsächlich Töne, die den bestellten Instrumenten täuschend ähnlich klangen.

Er konnte schrecklich stur sein – als sein Neffe Leo starb, ein standfester Katholik, rief er begeistert aus: „Ein echter Lichtenberg, wie sein Großvater, mit dem Kopf durch die Wand!" –, aber auch unwahrscheinlich sensibel. Im Büro der St. Hedwigspfarrei sei eine stark depressive Angestellte beschäftigt gewesen, berichtet Lichtenbergs erster Biograph Alfons Erb, „mehr Last als Hilfe". Eines Tages schüttete die Pfarrschwester Lichtenberg ihr Herz aus: Das arme Menschenkind verursache nichts als Probleme, doch eine Entlassung könne den völligen Zusammenbruch bedeuten (tatsächlich wählte die Frau später den Freitod). Pfarrer Lichtenberg habe nur das Kreuz angesehen und gesagt: „Schwester, wir wollen sie behalten aus Liebe. Ich wünsche Ihnen viel Geduld."

Erb berichtet noch eine bezeichnende Begebenheit aus der Notzeit des Ersten Weltkriegs: Auf Bitten seiner

Mutter hatte Lichtenberg einen in hilfloser Lage befindlichen alten Gelehrten in das Pfarrhaus aufgenommen, einen offenbar recht schwierigen Sonderling. Als dieser nach dem Krieg die Unterkunft wieder verlassen hatte, schrieb er dem Pfarrer einen bitterbösen Brief, der jede Dankbarkeit vermissen ließ und von Vorwürfen gegen Lichtenberg und seine alte Mutter strotzte. Der Pfarrer jedoch – man spürt förmlich, wie er die Zähne zusammengebissen und sich beherrscht hat – erwiderte: „Ihre Karte, in der ich einen freundlichen Gruß aus der Ferne vermutete, war hart, sehr hart. Ich habe lange mit Gott überlegt, wie ich sie beantworten soll. Wenn sie in ihrem Inhalt und ihrer Form berechtigt sein sollte, so bitte ich Sie um Verzeihung für alles, was Sie im Charlottenburger Pfarrhaus als Unrecht empfunden haben. Gott sei mit Ihnen und Ihrem ergebensten Lichtenberg."

Er hatte es gelernt, sich zurückzunehmen, der impulsive Hüne, der schon auf der Schule als Temperamentsbündel gegolten hatte. „Ich habe schon oft von solchen, die es gut mit mir meinen, hören müssen: ‚Laß dich in keinen Streit ein!'", schrieb er einem protestantischen Pfarrer. Was sicher oft berechtigt sei. „Ich gehöre aber meiner Natur nach einer anderen Richtung an", stellte er klar, der bekenntnisfreudigen.

Den Mund hat er sich nie verbieten lassen – aber er kannte keine Allüren und stellte keine Ansprüche. Er besaß kein Bankkonto, sparte sich die Heizung im Schlafzimmer, flickte seine schon in sämtlichen Farben schillernde Soutane und seine Wollstrümpfe selbst und verzichtete auch auf einen Friseur. Besonders schön sah es freilich nicht aus, wenn er irgendwo ein paar Strähnen vergessen hatte und dann so am Altar stand, aber er hatte ein paar kostbare Mark gespart, die irgendeinem Kirchenneubau in seiner Riesengemeinde zugute kamen. Als er zum Eucharistischen Weltkongreß nach

Chicago fuhr – die Geschichte ist gut bezeugt –, da hatte er lediglich eine Aktentasche dabei, in die er Rasierzeug, Zahnbürste, Brevier, Reiselektüre und ein Hemd zum Wechseln gestopft hatte.

Auf die Frage, wie es ihm gehe, pflegte der bescheidene Pfarrherr zu antworten: „Danke, es geht mir viel besser, als ich verdiene!" – obwohl er über Jahrzehnte hinweg schwer herz- und magenkrank war und seine Haushälterin oft Blut und Eiter in seiner Bettwäsche fand. Bei seinem erwähnten zweimonatigen Krankenhausaufenthalt 1939 wollte man den 63jährigen wegen einer hartnäckigen Nierenvereiterung operieren; die Ärzte verzichteten dann darauf, weil sie fürchteten, der Patient werde den Eingriff nicht überstehen.

Das fröhliche Gottvertrauen wird dem von Schmerzen und Zukunftsängsten geplagten Menschen nicht immer leichtgefallen sein.

Auf Betteltour bis nach Chicago

Der Kaplan und Kurat Bernhard Lichtenberg ist in seinen ersten Berliner Jahren ganz schön viel herumgekommen. In Friedrichsberg-Lichtenberg war er tätig, in Charlottenburg und Pankow, in St. Michael im Berliner Osten und in der Stadtrandgemeinde Friedrichsfelde-Karlshorst, wo es viele polnische Saisonarbeiter gab, als Schnitter auf den ausgedehnten Gütern, und wo Straßenarbeiter aus Italien die „Frankfurter Allee" bauten.

1913 kam er als Pfarrer nach Charlottenburg zurück: damals eine königliche Residenzstadt mit mehr als 350 000 Einwohnern, 36 000 davon Katholiken. Für sie – darunter wieder eine Menge polnischer Saisonarbeiter – gab es ein einziges Kirchlein mit knapp 500 Plätzen. Sonntags standen lange Menschenschlangen auf der Straße, weil die Kirche viel zu klein war, und die Polizisten hatten alle Hände voll zu tun, den Verkehr um die seltsame Gottesdienstgemeinde herumzuleiten.

Ein unmöglicher Zustand – aber ein erfinderischer Pfarrherr, der schon an seinen bisherigen Einsatzorten Wunder vollbracht hatte: In Friedrichsfelde stellte er ein Pfarrhaus hin, wo er in einem Doppelzimmer die Sonntagsmesse feierte, und dann eine Kirche; in Karlshorst baute er eine Kapelle. Satte Spendengelder konnte er sich nicht erhoffen, am wenigsten von den italienischen und polnischen Arbeitern.

Dafür entwarf er ein ausgeklügeltes System von Bettelbriefen, die er kreuz und quer durch Deutschland schickte – mit herzzerreißenden Klagen, aber auch dem nüchternen Argument, wie wichtig es sei, hier in der expandierenden Industriemetropole den Glauben einzupflanzen. Erb erzählt, nur wegen Lichtenbergs gigantischer Korrespondenz sei die kleine Friedrichsfelder Post damals von einem Postamt dritter in eines zweiter Klasse aufgerückt. Und aus Bayern seien gleich mehrfach Strafmandate über drei Mark, ersatzweise einen Tag Haft, gekommen, weil dort einem Preußen das Betteln verboten gewesen sei.

Diese erfolgversprechende Methode übernahm Lichtenberg jetzt auch in Charlottenburg. Er schickte wieder Briefe durch ganz Deutschland und in die Schweiz, und er machte sich selbst auf den Weg, von Dorf zu Dorf, wochenlang, meist zu Fuß, um über die Probleme der Diaspora zu informieren. In zahllosen Kirchen übernahm er Gottesdienste und Beichtaushilfen, wenn man ihm seine Standardbettelrede erlaubte. Nicht immer war er erfolgreich; am 25. November 1925 schrieb er traurig in sein Notizbuch: „Predigt vor achtzig Leuten (Kollekte 0,10 Reichsmark)."

Es waren ja keine fünf- und sechsstelligen Beträge, die er so zusammenbekam; immer wieder ein paar hundert Mark, die er postwendend nach Hause schickte, damit eine Ladung Dachziegel bezahlt werden konnte oder eine Handwerkerrechnung. Dabei stiegen die Grundstückspreise und Materialkosten in besorgniserregendem Tempo! Ein Wahnsinnsleben führte er damals, immerhin war er kein junger Mann mehr und nicht gesund.

Kostprobe aus dem Reisetagebuch vom 17. Dezember 1925, Lichtenberg war gerade in Süddeutschland unterwegs: „Zum Abendbrot ein Stück trockenes Brot mit schlechtem Bier. Anton brachte nachträglich noch eine Leberwurst. Mit Stearinlicht und drei Streichhölzern ins Obergemach, eiskalt, schmutziges Bett mit großen Zeitungen belegt, Handschuhe ausgezogen und dann ausgestreckt. Wärmeflasche ging auf, und ich lag im Wasser! Raus, Streichholz funktioniert nicht, nebenan anderes Bett, durchnäßt rein und eingeschlafen. Am nächsten Morgen im Dunkeln angekleidet, Licht, zur Kirche, ins Bänkel gesetzt. Hartmann L. kommt zum Rorateamt, das ich coram Sanctissimo [vor ausgesetztem Allerheiligstem] halte. Eine Stunde Unterricht, über den Main gesetzt, ins Pfarrhaus gelaufen, ein Glas Wein, zurück über den Main, ab nach Bamberg und nach Charlottenburg. Dort abends neun Uhr an. Zu Hause. Deo gratias!"

Andere erholten sich auf ihren Urlaubsreisen, Lichtenberg machte jeden Jahresurlaub in jener Zeit zur Betteltour. Er wanderte durch Schlesien und Westfalen, fuhr nach Baden und Württemberg, durchquerte das Rheinland und die Schweiz. Als 1926 in Chicago der Eucharistische Weltkongreß stattfand, hielt er auch dort seine Bettelreden, begeisterte einen deutsch-amerikanischen Unternehmer für seine Arbeit, publizierte im

Selbstverlag eine Art Reisetagebuch „Amerikanische Briefe" und steckte das damit verdiente Geld natürlich wieder in seinen Kirchenbaufonds.

Doch jetzt bat er nicht mehr nur um Geld für seine Bau- und Pachtprojekte – unter anderem mietete er eine Reitbahn und baute sie für den Gottesdienst um –, sondern auch um Mitarbeiter. Die Benediktiner und Jesuiten, die Kamillianer und die Steyler Missionare lud er ein, in die preußische Diaspora zu kommen und dort Gemeinden aufzubauen. Warum nur nach Afrika und Asien schauen? „Berlin ist ein paar Missionare wert!" beschwor er sie.

Tatsächlich entstanden in Lichtenbergs Ära, in wenigen Jahren, fünf neue Kuratien auf dem Gebiet der riesigen Pfarrei Charlottenburg-Herz Jesu: St. Canisius, St. Camillus, Hl. Geist, St. Thomas und Mariä Himmelfahrt, und aus den in Kellern und Vereinssälen provisorisch eingerichteten Kapellen wurden Kirchen.

Verderben Kirchenglocken die Immobilienpreise?

Natürlich stieß er auch auf Widerstände: Für den Bau einer Kirche am Karolingerplatz in Charlottenburg hatte er schon den Vorvertrag unter Dach und Fach, aber eine Lobby von Immobilienmaklern brachte das Projekt zum Scheitern. Die lächerliche, aber ernsthaft vorgetragene Begründung: Die Belästigung durch das Glockenläuten und der „zu erwartende Kirchgang katholischer Arbeiter" gefährdeten Wohnwert und Grundstückspreise im Charlottenburger Westend. Solche Quertreibereien verleideten etwa dem Benediktinerorden die Ansiedlung in den Neubaubezirken.

Lichtenberg war freilich aus härterem Holz geschnitzt als die eher konfliktscheuen Mönche. Er hielt an seinen leicht provokanten Gewohnheiten fest, machte auch als Charlottenburger Pfarrer seine Versehgänge mit Lämpchen und Glocke und ließ sich nicht einmal abschrecken, als die Straßen in den chaotischen Monaten nach dem Ersten Weltkrieg zum Schlachtfeld wurden. Eines Tages stoppte ihn eine Barrikade, als er mit dem Allerheiligsten unterwegs war, bis an die Zähne bewaffnete Aufständische hielten ihm ihre Karabiner vor die Brust. Lichtenberg aber erklärte ruhig, es gehe um den letzten Willen eines Sterbenden. Verlegen halfen ihm die Partisanen über die Hürde.

Daß er im Weltkrieg auch Militärpfarrer gewesen war, wird in den Lebensbeschreibungen meist verschwiegen. Er betreute das Gardegrenadierregiment 3, Königin Elisabeth, in Charlottenburg, reiste 1917 an die Ostfront, merkwürdigerweise im Auftrag des Reichskriegspresseamtes, und wurde mit der Verdienstmedaille des Roten Kreuzes dekoriert.

Bekannter ist seine Tätigkeit als Stadt- und Bezirksverordneter von 1919 bis 1931, als Mitglied der bürgerlichen, später der Zentrumsfraktion. Keine spektakuläre Sache, denn den Geistlichen war die Parteipolitik damals noch nicht verboten, und sie wurden mit Vorliebe als Kandidaten aufgestellt, weil sie als integrierende Kräfte galten. Die Kirchenleute wiederum engagierten sich gern politisch, weil die Katholiken so am ehesten aus dem kulturellen und gesellschaftlichen Getto, in das sie der „Kulturkampf" gedrängt hatte, herauskommen und sich als zuverlässige Staatsbürger beweisen konnten – mit allen weniger erfreulichen Folgen. Denn spätestens unter den Nazis erwies sich die begeisterte Identifikation mit dem Staat und seinen Wertmaßstäben auch als böse Last.

Im Zentrum gab es zu jener Zeit zwei Richtungen, die zum Beispiel im aufsehenerregenden „Gewerkschaftsstreit" unterschiedliche Positionen vertraten: Die eine

Fraktion, stark an Rom orientiert, unterstützte streng katholische Arbeitervereine unter geistlicher Leitung und stand dem Konzept der „christlichen Gewerkschaften" mißtrauisch gegenüber. Diese Fraktion war in Berlin besonders stark und wurde auch vom Breslauer Kardinal Kopp gefördert.

Die andere, „rheinische" Richtung, die sich schließlich durchsetzte, hielt die interkonfessionellen Gewerkschaften für zukunftsträchtiger und trat überhaupt für eine stärkere Demokratisierung des politischen Lebens und mehr Entscheidungsbefugnisse der Parlamente ein. Interessanterweise standen die Bischöfe mehrheitlich auf dieser Seite.

Es ist anzunehmen, daß der deutlich konservativ geprägte Lichtenberg eher die andere Richtung favorisiert hat, genauere Informationen haben wir nicht. Wir wissen nur, daß er sich leidenschaftlich am Kampf um katholische Schulen und um katholischen Religionsunterricht auch an den Gemeinschaftsschulen beteiligt hat. Die Bekenntnisschule war ein – unerfüllter – Programmpunkt des Zentrums und spielte eine wichtige Rolle in den Verhandlungen um ein preußisches Konkordat. Lichtenberg hielt in diesem oft recht aggressiv ausgefochtenen Zwist eisern am Grundsatz fest: Wo auch nur ein einziges katholisches Kind in einer Schule sei, da müsse es auch katholischen Religionsunterricht geben.

Zu den Steckenpferden des Kommunalpolitikers Lichtenberg gehörte außerdem die Beschaffung von Wohnraum für junge Familien und Kinderreiche. 1929 kam er auf die Idee, Ackerland, das seiner Pfarrgemeinde in Berlin-Staaken gehörte, für eine Siedlung mit 300 Häusern zu verpachten. Doch die Häuschen wurden nie gebaut; die Behörden hatten die kircheneigenen Grundstücke bereits für die Erweiterung des angrenzenden Friedhofs ausersehen.

Lichtenbergs soziale Ader ist hier ausnahmsweise einmal aktenkundig geworden. Normalerweise redete er nicht über das, was er tat. Wenn ihm die Pfarrschwester kleinlaut berichtete, irgendein Habenichts brauche dringend etwas anzuziehen, holte er einfach Wäsche oder eine Hose aus seinem eigenen Kleiderschrank. Dem „kleinbürgerlichen" Berliner Katholizismus, wie ihn Dr. Carl Sonnenschein nannte, versuchte er aus ganz ähnlichen Motiven die Augen für die drängenden gesellschaftlichen Probleme zu öffnen.

Eigenartig, daß nichts über gemeinsame Aktivitäten der beiden „Großstadtapostel" berichtet wird! 1920, als Sonnenschein sein berühmtgewordenes Büro in der Berliner City eröffnete, gehörte Lichtenberg zu den bekanntesten Priestern der Stadt; 1929, als Sonnenschein plötzlich starb, war er immer noch Pfarrer in Charlottenburg. Aber obwohl sie dasselbe ansteckende Temperament und die gleiche Leidenschaft für Menschen in Not verband, waren sich die beiden in Frömmigkeit und Mentalität vermutlich denkbar fremd.

Sonnenschein jagte mit dem Auto und der Eisenbahn durch das Berliner Umland, um an einem einzigen Tag drei, vier Reden in seiner hämmernden Agitprop-Sprache zu halten: „Unerträglich die blöde Unwissenheit ganzer Schichten. Ihr seht diese grauen Gesichter nicht. Die schmalen Witwen. Die hohlen Kinder. Die steingewordenen Proletarier jeder Schicht. Arbeitslos! Ohne Schimmer von Ausblick. Zerquält. In dem einen Zimmer! In dem Korridor! In dem Hinterhaus! Ihr seht sie nicht in den Kellern und Hospitälern! Erst, wenn die Leiche ins Schauhaus gebahrt wird. Erst, wenn die Zeitung die Gashähne numeriert. Die sich in einer Nacht öffneten. Erst dann seht ihr sie. Dann steht das Gespenst um eure Tische. Dann seid ihr, auf ein paar Minuten, entsetzt. Laßt das posthume Entsetzen! Seid Christen!

Faßt zu! Helft!" Sonnenschein schrie den Bieder-Frommen ins Gesicht, sie sollten doch die Augen aufmachen und den gekreuzigten Christus in seinen elend verreckenden Brüdern entdecken. In seiner Kirchenzeitung druckte er die Kleinanzeigen aus der Tagespresse ab, in denen die Not jener Jahre makabre Gestalt annahm: „Einjähriges blondes Kind zu verschenken." Oder: „Uneheliche Mutter, früher Gymnasiastin, lungenkrank, feuchte Wohnung, größte Not, erbittet Bett für viermonatiges Kind."

Viele Zentrumsleute und eher traditionell denkende Katholiken mißtrauten dem unberechenbaren Bürgerschreck, der sie mitleidlos fragte: „Ist heute noch Christentum in dieser Stadt? ... Oder ist das alles konventionelle Gewöhnung? Politische Spekulation? Ästhetische Sentimentalität? Alles Limonade? Nicht mehr rauschendes Wasser?"

Das war nicht unbedingt der Stil des Pfarrherrn Lichtenberg, der im Mai und Oktober täglich eine Marienpredigt hielt und mit seiner Gemeinde alle Jahre wieder zum schlesischen Marienheiligtum Wartha pilgerte. Seine Formen waren andere, das Anliegen ganz dasselbe; und ein Duckmäuser war er ebensowenig wie der tapfere Provokateur Sonnenschein.

Goebbels' Gegenspieler in der Kommunalpolitik

Vielleicht lag es gerade an Lichtenbergs bodenständigem Realismus, daß er so früh mit den großsprecherischen Phrasen der Nazis aneinandergeriet. Hitlers „Mein Kampf" hatte er aufmerksam gelesen und mit bissigen Randbemerkungen versehen. Mißfallen hatten ihm vor allem der Traum vom totalen Staat, die völkische Moral („Gut ist, was dem Vaterland nützt") und die Ausfälle gegen die „Judenbibel". Seine alte Mutter war von der unappetitlichen Lektüre ähnlich entsetzt gewesen.

In der Berliner Bezirksverordnetenversammlung ist er todsicher mit Hitlers späterem Chefpropagandisten Joseph Goebbels aneinandergeraten, der sich bisher erfolglos als Literat versucht hatte und nun als Hitlers Gauleiter von Berlin-Brandenburg (seit 1926) für Straßenschlachten und Kneipenschlägereien sorgte. In Berlin gab es keinen schlimmeren Demagogen als Goebbels und kein raffinierteres Hetzblatt als seine Wochenzeitung „Der Angriff". Ehrgeizig, fanatisch, ein Meister der Massenpsychologie, begnadeter Redner und glühender Visionär zugleich, hämmerte er den Menschen einen fast religiösen Glauben an Hitler als den neuen Messias ein. Kein anderer hätte es geschafft, aus dem bei einer Schlägerei mit den „Roten" umgekommenen SA-Führer und Zuhälter Horst Wessel (dem Schöpfer der Kampfhymne „Die Fahne hoch") einen ekstatisch verehrten Heiligen und Märtyrer der braunen Bewegung zu machen.

Nichts sei „wohltuender, befriedigender und herzerfrischender", schrieb Goebbels im „Angriff", als „einem Lügner, Verräter und notorischen Lumpen nach Bedarf eins hinter die Löffel zu kleben, daß ihm Hören und Sehen vergeht". Schwerer sei es schon, „sich aus verstecktem Hinterhalt an sein Opfer heranzuschleichen", die Faust in der Tasche geballt. „Am schwersten aber ist es, als reißender Wolf den Schafspelz umzulegen, die Maske des Biedermannes aufzusetzen, Bürger unter Bürgern zu sein, wenn innen ein Vulkan brennt, wenn einen Stunde um Stunde der Teufel verfolgt und man manchmal in einem sinnlosen Wutgeheul aufbrüllen möchte vor Haß und Rachedurst." Aber der wahre Revolutionär müsse warten können. „Beweis für revolutionäre Gesinnung ist nicht allein das Schlagen, sondern das Schlagen zur rechten Zeit."

Zu gern wüßten wir, was sich die beiden Temperamentsbündel im Stadtparlament an den Kopf geworfen haben, aber es sind keine Sitzungsprotokolle erhalten. Die Tatsache, daß die Gestapo schon sehr früh ein wachsames Auge auf den querköpfigen Pfarrer hatte und ihn mit Haussuchungen und Verhören drangsalierte, spricht freilich für eine alte Erbfeindschaft zwischen Lichtenberg und dem in die höchsten Machtränge der NSDAP aufgestiegenen Goebbels. Jedenfalls scheute sich der Pfarrer von Charlottenburg von Anfang an nicht, bei öffentlichen Diskussionsveranstaltungen auf das Podium zu steigen und die in braunen Kreisen übliche Hetze gegen Juden und Jesuiten sachlich, aber entschlossen zurückzuweisen.

Ähnlich offen hatte er sich ja bereits der Debatte mit Sozialisten, Liberalen und Protestanten gestellt. Wenn etwa der „Evangelische Bund zur Wahrung der deutsch-protestantischen Interessen" (der Name zeigt schon, daß Ökumene zu jener Zeit noch ein Fremdwort war) die Katholiken als vaterlandslose Vasallen Roms verdächtigte oder Freigeister für die Abschaffung des Abtreibungsparagraphen warben, war Lichtenberg zur Stelle, gemeinsam mit ein paar Männern aus seiner Gemeinde oder auch als Einzelkämpfer, der manchmal einen ganzen tobenden Saal gegen sich hatte. Im Stadtparlament hatte irgendein braver Kriegsgegner behauptet, jedermann wisse doch, daß die Kirche die Waffen segne. Bei der nächsten Sitzung erschien der Stadtverordnete Lichtenberg mit dem dickleibigen liturgischen Rituale unter dem Arm, legte das Buch vor sich auf das Rednerpult und forderte die Kirchenkritiker auf, ihm den „Waffensegen" zu zeigen.

Und weil er sich über die polemischen Broschüren eines gewissen Eugen Losinsky ärgerte, der die Sozialdemokraten ganz im Gegensatz zu ihrem Erfurter Programm von 1891 zu Atheismus und Kirchenfeindlichkeit verpflichten wollte, brachte er eine Erwiderungsschrift mit dem boshaften Titel heraus „Religion ist Privatsache, ein Druckfehler im sozialdemocratischen Programm, corrigiert durch Herrn Dr. Eugen Losinsky, beleuchtet durch Dunkelthal (d.i. Lichtenberg)". Kirchenkritische Aufklärer pflegten ihre Gegner im Priesterrock ja gern als „Dunkelmänner" zu verunglimpfen.

Welcher Mut bisweilen zu diesen Auftritten gehörte, zeigt ein bei Alfons Erb überlieferter Bericht. Kurz nach der Novemberrevolution 1918 war Lichtenberg zu einer politischen Versammlung in die Pharussäle des Berliner Nordens eingeladen worden. Erbs Gewährsmann, ein ehemaliger Schüler Lichtenbergs, notiert: „Nachdem sämtliche Vertreter der eingeladenen Parteien mehr oder weniger überzeugend gesprochen hatten – zumeist aus einem umfangreichen Aktenstück auf dem Rednerpult –, sprach er als letzter und wohl für die meisten Teilnehmer unvergeßlich. Lang und hager die Gestalt, kurz geschoren das Haar und scharf geschnitten das Profil, im schwarzen Priesterrock und mit verschränkten Armen, so stand er an der Rampe der Bühne und sprach völlig frei und ruhig mit einer solchen Überzeugungskraft, daß auch die politischen Gegner ihre anfänglichen Störungsversuche bald einstellten. Als dann die Diskussion einsetzte, fertigte er die Einwände mit solcher Überlegenheit und mitunter so witzig ab, daß im Saal helles Gelächter erscholl.

Dadurch schienen jedoch einige radikale Gegner so gereizt, daß Rufe aus ihren Reihen laut wurden wie: ,Schlagt den Pfaffen tot!' und ,Den werden wir uns nachher schon kaufen!' Doch der Pfarrer blieb unerschütterlich in seiner Ruhe, so nervös die Stimmung nun auch wurde. Er lehnte nach der Versammlung jeden persönlichen Schutz ab, obwohl seine hohe Gestalt ihn sofort kenntlich machte. Auch ein Auto verschmähte er. Es wurde ihm nicht ein Haar gekrümmt; die Menge machte ihm bereitwillig Platz. Uns, seine Schüler, die wir dabei waren, hatte er von diesem Abend an restlos gewonnen."

„Im Westen nichts Neues"

Doch das war nun Schnee von gestern, der Feind stand ganz rechts, im völkisch-nationalen Lager. Im November 1929 inszenierte der „Tannenbergbund" des Weltkriegsveteranen General Ludendorff in Charlottenburg einen Vortragsabend mit haarsträubenden Angriffen auf den Jesuitenorden und die römische „Pfaffendiktatur". Ludendorff war beim mißglücken Putsch von 1923 an Hitlers Seite marschiert, warb mit dem Image des Nationalhelden für die braune Bewegung, verbreitete dann aber über seinen „Tannenbergbund" derart wirre Attacken gegen ein weltverschwörerisches Komplott von Juden, Freimaurern, Marxisten und Jesuiten, daß sich später sogar die ähnliche Ideen vertretenden Nationalsozialisten von ihm distanzierten.

Nach dem Eklat in Charlottenburg wandte sich jedenfalls Lichtenberg voller Entrüstung an Ludendorffs einstigen Weggefährten im Generalstab, den Reichspräsidenten Paul von Hindenburg: „In meiner Gemeinde", schrieb der Pfarrer, „leiten die Jesuiten, welche Ludendorffs Volkswarte ‚schwarze Verderber unseres Volkes' nennt, am Lietzensee ein im Entstehen begriffenes Gymnasium, dem bisher 320 Eltern ihre kostbaren Kinder anvertraut haben. Es ist ein unerträglicher Gedanke, daß ein preußischer Offizier, ein ehemaliger Feldherr, es wagen darf, Verleumdungen von ungeheurer Schwere gegen deutsche Bürger, gegen unantastbare Mitglieder des katholischen Klerus und gegen die katholische Kirche zu erheben, ohne daß eine allgemeine Empörung den Störer des Volksfriedens zum Schweigen bringt."

„Der Herr Reichspräsident", so ließ Hindenburgs Büro den Beschwerdeführer wissen, mißbillige jede Störung des konfessionellen Friedens. „Die von Ihnen zu beklagenden Verhandlungen und Veröffentlichungen zu verhindern, besteht jedoch für den Herrn Reichspräsidenten, der übrigens zu dem Tannenbergbund in keinerlei Beziehung steht, weder eine amtliche noch eine persönliche Möglichkeit."

Erheblich schwerere Folgen hatte die Kontroverse, die ihm seine Mitgliedschaft im „Friedensbund deutscher Katholiken" einbrachte. Wieder ein Beweis dafür, daß sich Lichtenberg nicht in irgendwelche Schubladen einordnen läßt; denn das Engagement des „Friedensbundes" gegen Militarismus und Kriegsverherrlichung und seine Kritik an den aggressiven Forderungen nach Rückgabe einstmals deutscher Gebiete waren nicht gerade konservative Positionen. Als der Pazifistenverband auch noch eine ökumenische Vorreiterrolle übernahm und sich mit protestantischen und anderen Verbänden zur „Vereinigung der Konfessionen für den Frieden" zusammenschloß, gehörte Lichtenberg sogar zum Präsidium.

1931 lud der „Friedensbund" zu einer Vorführung des Anti-Kriegsfilms „Im Westen nichts Neues" nach dem Roman von Erich Maria Remarque ein – angesichts der Kriegstreiberei jener Jahre eine mutige Geste und ein gefährliches Unterfangen: In den Lichtspielhäusern scheiterte jede Aufführung am Terror der SA-Horden, und deshalb ließen die Behörden lediglich geschlossene Versammlungen mit dem Film zu, der das Schlachthausklima des Krieges aus dem Blickwinkel des einfachen Soldaten schilderte und den Bankrott aller militaristischen Ideale atemberaubend drastisch illustrierte.

Lichtenberg und der oben zitierte Pater Stratmann hatten die Einladung in den Neuköllner Mercedes-Palast unterschrieben – und sich damit den wütenden Haß der Nazis zugezogen. „Du Sauhund, Schweinepriester, Judenknecht, Verräter, Lump!" stand auf anonymen Postkarten, die Lichtenberg im Briefkasten fand. Die öffentliche Quittung kam im „Angriff", dem von Goebbels herausgegebenen Kampfblatt.

„Viehische Totenschändung!!!" stand hier in dicken Lettern zu lesen. „Prälat Lichtenberg verhöhnt unsere Gefallenen!!! ... Das deutschbewußte Berlin steht fassungslos vor einer der niederträchtigsten, der verkommensten Verhöhnungen, die ihm in seiner langen Leidenszeit geboten worden sind. ... Wer diesen Film, in dem unsere toten Kameraden, die Freiwilligen des Weltkrieges als Feiglinge, die sich in die Hosen machen, dargestellt werden, noch wagt, als ‚künstlerisch hochstehend' zu bezeichnen, der steht außerhalb des Empfindens des deutschen Volkes. Wer die infame Beschimpfung unserer alten deutschen Unteroffiziere ... noch zu beklatschen wagt, der ist so undankbar gegen die furchtbaren Blutopfer unserer Tausende alten Offiziere und Unteroffiziere, der ist so abgründig gemein, daß nur sein Alter ihn davor schützen kann, nach dem Gesetz in die Zwangserziehung gesteckt zu werden – zur Vermeidung des gänzlich sittlichen Verkommens!"

Das war genau der Stil, mit dem man damals zu Pogromen und Lynchjustiz einlud und wenig später unliebsame Kritiker in die KZs abkommandierte. „Das deutschbewußte Berlin", so schloß der Hetzartikel, „läßt sich eine so freche Provokation nicht gefallen, es erhebt millionenstimmig den Ruf: ‚Raus, zum Tor hinaus mit Monsignore Lichtenberg!'" Unfreiwillig offenbart das Pamphlet freilich auch, daß der mit römischen Ehrentiteln ausgezeichnete Lichtenberg mit seiner Kritik an Kriegsromantik und Chauvinismus keineswegs ein krasser Außenseiter unter den Berliner Katholiken war, wie es die Nazis gern gehabt hätten. Bunte Paradiesvögel macht der Vatikan nicht zum Monsignore, damals ebensowenig wie heute.

Es bedurfte keiner besonderen Prophetengabe, um zu erkennen, daß die Kräfte, mit denen sich Lichtenberg so vehement anlegte, die kommenden Herren Deutschlands sein würden. Trotzdem schob man den wenig diplomatischen Priester nicht in irgendeine Randfunktion ab, im Gegenteil: 1931 wurde er als Domkapitular in das neu errichtete Kathedralkapitel St. Hedwig berufen, 1932 zum Dompfarrer ernannt, 1937 vom Kathedralkapitel zum Dompropst gewählt (also zum Vorsitzenden des Kapitels mit ziemlich umfassenden Leitungsbefugnissen: Vertretung des Kapitels nach außen, Leitung seiner Sitzungen und des Geschäftsverkehrs, Vertretung des Bischofs bei feierlichen Gottesdiensten).

In der Bischöflichen Behörde war Lichtenberg für die Angelegenheiten der Ordensleute und die Visitation der weiblichen Orden zuständig. Er war Diözesanpräses verschiedener Vereine, Diözesandirektor des Kreuzbundes, der sich um Alkoholkranke und ihre Angehörigen sorgt, und geistlicher Beirat des „Katholischen Fürsorgevereins für Frauen, Mädchen und Kinder". Seine politischen Ämter hatte Lichtenberg mit der Ernennung zum Domkapitular niedergelegt.

Die höchste Stufe seiner kirchlichen Karriereleiter, wenn man das bei einem so wenig machtversessenen Menschen wie Lichtenberg überhaupt sagen kann, erklomm er mit der Ernennung zum Apostolischen Protonotar; ein geheimnisvoller römischer Ehrentitel, der ihn zum unmittelbaren Mitglied der Päpstlichen Familie machte und ihm das Recht verlieh, die Bischofsmitra zu tragen (was er natürlich nie tat).

3

„Mein Führer ist Christus" –

Klare Worte statt diplomatischer Leisetreterei

*„Wozu die Auseinandersetzungen hart auf hart
immer wieder verschieben, sie kommen ja doch"*
Bernhard Lichtenberg 1933

Im Jahre 1929 war es noch möglich, gegen Nazis vor Gericht zu ziehen: Zwei Redaktionsmitglieder des „Angriff" wurden nach ihren Attacken auf Lichtenberg wegen Beleidigung verurteilt. Über die Gerichtsverhandlung berichtet Alfons Erb, der Berliner Vorsitzende des „Friedensbundes" habe der Sitzung beiwohnen wollen und gar nicht lange nach dem Verhandlungsraum suchen müssen. „Alsbald hörte er die Stentorstimme des Prälaten über Treppen und Korridore schallen. Er verteidige nicht sich, so rief der Kläger, sondern die Ehre einer ehrenhaften, anständigen Bewegung, des Friedensbundes deutscher Katholiken, und darum fordere er Bestrafung der Verleumder ..."

Doch zunehmend begann die andere Seite, die Bedingungen zu diktieren. Die Gestapo kreuzte bei Lichtenberg auf, der unter anderem dadurch aufgefallen war, daß er eisern den „Deutschen Gruß" – „Heil Hitler" – verweigerte. Selbst bei amtlichen Telefongesprächen mit staatlichen Behörden und der Gestapo rief er ein provozierendes „Grüß Gott!" in den Hörer.

Man wußte, daß er polnische Katholiken mit Geld und

Lebensmitteln unterstützte. Es war schon ein Risiko, Polen zum Gottesdienst zuzulassen, sie zu trauen, ihnen die Beichte abzunehmen; in Berlin-Niederschönhausen sollte die Gestapo 1942 Pfarrer Joseph Lenzel wegen „Polenseelsorge" verhaften, obwohl er streng nach Vorschrift geschlossene Gottesdienste für die Zwangsarbeiter eingerichtet hatte. Lenzel starb im KZ Dachau.

1931 hatte der „Völkische Beobachter" der NSDAP mit dem entsprechenden empörten Kommentar einen Briefwechsel veröffentlicht, in dem Lichtenberg klarstellte, ein Katholik könne niemals Mitglied der Nazi-Partei sein: Ein gewisser Dr. Bräutigam hatte sich beim Bischof beschwert, einem „christkatholischen Menschen" sei das kirchliche Begräbnis verweigert worden, „weil er als Nationalsozialist starb".

Lichtenberg erwiderte namens des Bischöflichen Ordinariats, „daß die Grundsätze, die die katholische Kirche anwendet bezüglich Zugehörigkeit zum Nationalsozialismus, die gleichen sind, die angewendet werden in Fragen der Zugehörigkeit zur sozialistischen und kommunistischen Partei. Einem Katholiken ist es nicht gestattet, Anschauungen zu vertreten oder öffentlich zu fördern, die mit der katholischen Glaubens- und Sittenlehre in Widerspruch stehen."

Kaum hatten die Nazis 1933 die Macht in Deutschland übernommen, erschien die Gestapo beim Dompfarrer Lichtenberg und durchsuchte seine Wohnung. Man vermutete in dem populären Priester einen Drahtzieher der „Katholischen Aktion", jener Laienbewegung, in der die Zentrumspartei nach ihrer Selbstauflösung illegal und schwer kontrollierbar weiterzuarbeiten schien.

Lichtenbergs Verhalten während dieser ersten Gestapo-Verhöre war typisch für ihn: Er kannte die selbst für die allmächtige Geheimpolizei geltenden Vorschriften genau und erklärte dem vernehmenden Beamten in aller Ruhe, er werde keine Frage beantworten, bevor nicht ein zweiter Beamter oder eine unabhängige dritte Person zur Vernehmung beigezogen werde. Wütend hängte sich der Gestapo-Mann ans Telefon und informierte sein Hauptquartier, Pfarrer Lichtenberg verweigere auf alle auftragsgemäß gestellten Fragen die Antwort! Sofort fiel ihm der Prälat ins Wort und korrigierte ihn so laut, daß man es am anderen Ende der Leitung hören konnte: „Ich mache Sie darauf aufmerksam, daß Sie soeben die Unwahrheit gesagt haben. Ich habe die Aussage nicht verweigert, sondern nur mit Recht protestiert gegen eine Vernehmung ohne Zeugen."

Um Lichtenbergs Mut in solchen Situationen richtig einschätzen zu können, muß man sich daran erinnern, daß es zu den normalen Verhörmethoden der Gestapo gehörte, ihre Opfer krankenhausreif zu prügeln und ihre Wohnungen zu verwüsten, daß sie mit Sippenhaft zu drohen pflegte (Lichtenbergs alte Mutter saß nebenan) und über schalldichte Folterkeller verfügte – und daß der Priester das alles natürlich wußte.

Eine Viertelstunde später kam Verstärkung und holte den aufmüpfigen Verdächtigen ins Gestapo-Hauptquartier. Dort warf man Lichtenberg seine Sympathien für das Zentrum vor und herrschte ihn an, warum er sich nicht an die klare Linie des Führers Adolf Hitler halte. Seine Antwort kam wie aus der Pistole geschossen, mit kalter Höflichkeit: „Mein Führer ist Christus."

Der Wolf hatte Kreide gefressen

Bernhard Lichtenberg konnte sich auf die Solidarität der Berliner Bistumsleitung und auf zahlreiche Freunde im Klerus und unter den Laien verlassen, wenn er den braunen Herrenmenschen ins Angesicht widerstand.

Im Trend des deutschen Katholizismus aber lag er nicht, damals im Jahr 1933. Denn die bisher ziemlich massive Abwehrfront gegen die Nazis begann zu bröckeln – vor allem, seit man mit dem am 20. Juli abgeschlossenen Reichskonkordat scheinbar eine solide Basis für eine faire Koexistenz von Regime und Kirche gefunden hatte. Vorher hatte es immer wieder deutliche Verurteilungen der neuen Heilslehre in Hirtenbriefen und Kirchenblättern gegeben: Christentum und Nationalsozialismus seien unvereinbar – ganz wie es Lichtenberg dem Dr. Bräutigam 1931 geschrieben hatte. Es ist leicht nachzurechnen, daß die Nazis in katholischen Wahlkreisen am wenigsten Fuß fassen konnten.

Der katholische Widerstand gegen die Nazi-Ideologie konzentrierte sich schon ganz früh auf den schäbigen Rassismus der Bewegung – ein Ruhmesblatt in der sonst nicht gerade glanzvollen zeitgenössischen Kirchengeschichte. Bereits 1928 lenkte das Heilige Offizium in Rom mit einem kenntnisreichen Dekret die Augen der katholischen Weltöffentlichkeit auf den Antisemitismus der „Völkischen".

Das waren keineswegs irgendwelche fernen Töne aus dem sicheren Rom, die vor Ort, in Nazi-Deutschland, nur noch schwach zu hören gewesen wären. Der Münchner Kardinal Michael Faulhaber sagte im Advent 1933 der neugermanischen Blut- und Boden-Religion von der Kanzel herab einen kompromißlosen Kampf an: Jesus sei Jude gewesen und habe keinen „falschen Geburtsschein" nötig. In seinem Reich komme es auf Glaubenshaltungen an, nicht auf Blutsbeziehungen. Faulhaber: „Wir sind nicht mit deutschem Blut erlöst! Wir sind mit dem kostbaren Blut unseres gekreuzigten Herrn erlöst." Nach diesen Adventspredigten wurde dem Kardinal in einem Münchner Bierkeller öffentlich der Mord angedroht.

Aber es gab nicht nur das Entsetzen über die Terrormethoden der SA-Schläger, nicht nur den Abscheu gegenüber Wotanskult und Herrenmenschenwahn. Es gab auch Übereinstimmungen und Sympathien, von Anfang an. Wenn die Faschisten vom Führerstaat und von der endlich wiederhergestellten Autorität redeten, über den laxen Liberalismus schimpften und den gottlosen Bolschewisten den Garaus zu machen versprachen, dann fühlten sich konservative Katholiken ganz zu Hause. Hatten die Marxisten in Mexiko und Spanien nicht blutige Kirchenverfolgungen inszeniert? (1928 hatte Lichtenberg beim Gesandten von Mexiko in Berlin ein Protestschreiben gegen diesen Terror hinterlegt, und er bezog die Drangsal der Christen in Mexiko und Spanien in seine öffentlichen Abendgebete mit ein). Wenn dieser Hitler die Roten erledigte und wieder Ordnung im Land schaffte, mußte man ihm das bißchen Judenhetze und Kriegstreiberei dann nicht verzeihen? Mußte man nicht eben deshalb mit den Nazis zusammengehen, um die rohen Sturmtruppen allmählich disziplinieren und den genialen Raufbold an ihrer Spitze in einen seriösen Staatsmann verwandeln zu können?

Der Wolf hatte Kreide gefressen – und Erfolg damit. Als Hitler in seinen öffentlichen Äußerungen immer gemäßigtere Töne anschlug, von einem „positiven Christentum" schwärmte, nationale Solidarität einforderte und den Kirchen geschickte Avancen machte, erschienen die üblen Begleitumstände der Machtübernahme bloß noch als Betriebsunfall. Voller Angst, den Anschluß an die neue Zeit zu verpassen, aber auch in der Hoffnung, durch begrenzte Kooperation das Schlimmste zu verhindern, nahmen die Bischöfe ihre entschlossenen Verurteilungen der braunen Lehre stückweise zurück und suchten den Boden für eine möglichst günstige Konkordatsvereinbarung zu bereiten.

Im Berliner Ordinariat war man freilich damals schon skeptischer als anderswo. Als im Mai 1933 ein Hirtenbrief zur aktuellen Lage anstand und der Vorsitzende der Bischofskonferenz, der übervorsichtige Kardinal Bertram von Breslau, wieder einmal vorschlug, möglichst wenig von Konflikten zu reden und statt dessen die diskreten Kanäle der Diplomatie zu nutzen, da legten sich die Berliner quer: Detaillierte Richtlinien für den Umgang mit staatlichen Repressalien seien nötig, und ohne Wahrung rechtlicher und sittlicher Normen könne es die „Volksgemeinschaft", von der das Regime so gern rede, nicht geben.

Zu diesem Zeitpunkt waren die Gewerkschaften und die katholischen Parteien bereits zerschlagen und die kirchlichen Verbände massiv bedroht. Mit dem Reichskonkordat versuchte die Kirchenführung ein weiteres Mal einen verzweifelten Spagat: Man signalisierte dem Regime Kooperationsbereitschaft und bescherte ihm die erwünschte Anerkennung, suchte es aber gleichzeitig an ein noch so fragmentarisches Rechtssystem zu binden und mit der Garantie von Seelsorge und Verkündigung einen letzten „Freiraum weltanschaulicher Nichtanpassung" (so der Historiker Dieter Albrecht) zu sichern. Das war zumindest die Strategie des Kardinalstaatssekretärs Pacelli, des späteren Papstes Pius XII., der als einstiger Nuntius in München und Berlin die Verhältnisse in Deutschland genau kannte.

Vielleicht waren die sogenannten kleinen Leute mit ihrem gesunden Wirklichkeitssinn damals realistischer. Katholische Jugend- und Arbeiterführer, Bauersfrauen und Dorfpfarrer schimpften über die Bischöfe, die diplomatische Wege gingen, statt Klartext zu reden. Häuften sich nicht die Konkordatsbrüche, zeigte die braune Gewaltherrschaft nicht längst ihr wahres Gesicht?

Die Kirchenführung hatte gehofft, das Hitlerreich – von dem damals keiner wußte, daß es nur zwölf Jahre dauern würde – durch das Konkordat in ein System von Rechtsgarantien einzubinden. Doch die Nazis dachten nicht daran, sich in ihrem Allmachtsanspruch von irgend jemandem beschränken zu lassen: Die katholischen Jugendvereine wurden zuerst eingeschüchtert, dann in die Sakristei verbannt und schließlich komplett verboten. Erwachsene, die ihre katholischen Verbände nicht verlassen wollten, verloren den Arbeitsplatz, katholische Beamte wurden scharenweise entlassen, katholische Lehrer überwacht und behindert, katholische Presseerzeugnisse geknebelt.

In der St. Matthiaskirche in Berlin-Schöneberg hatte Pfarrer Albert Coppenrath den Mut, seine versammelte Gemeinde regelmäßig über die neuesten Attacken des Regimes zu informieren. Im November 1933 klagte er, katholische Mitglieder der Parteiformationen würden am Besuch der Sonntagsmesse gehindert. Im April 1934 berichtete er, Hitlerjungen hätten das Pfarrheim überfallen und dort „gehaust wie die Vandalen". Im Mai zitierte er einen Spitzenfunktionär der Hitlerjugend, der regimekritische Priester und Bischöfe als „Aasgeier der deutschen Not, Otterngezücht, Banditen und Lumpen" beschimpft habe. Im Juli mußte er dann zu einem Requiem für den Vorsitzenden der Katholischen Aktion Berlins, Ministerialdirektor Dr. Erich Klausener, einladen, den die SS kaltblütig liquidiert hatte.

Coppenrath und Lichtenberg gehörten zu den wenigen, die sich von Anfang an nicht blenden ließen und den Konflikt nicht scheuten. Schon als 1933 das „Gesetz zur Verhütung erbkranken Nachwuchses" erlassen wurde – Zwangssterilisierung für alle an vererbbaren

Krankheiten Leidenden –, hatte der Dompfarrer den Fehdehandschuh aufgenommen. Das Reichsinnenministerium wollte die Bischofskonferenz zum Stillhalten überreden und schickte einen Unterhändler, der über das Berliner Ordinariat Kontakt zu Kardinal Bertram aufnehmen sollte; doch Lichtenberg plädierte für deutliche Worte.

„Er schwieg zunächst auf meine Darlegungen", berichtete Ministerialrat Walter Conrad vom Reichsinnenministerium, „sagte dann: ‚Wozu die Auseinandersetzungen hart auf hart immer wieder verschieben, sie kommen ja doch!' Ich fand bei ihm im Laufe der vierstündigen Unterredung eisernen Kampfwillen ..." Ergebnis: Die Bischöfe erließen ein sehr scharfes – leider wirkungsloses – Hirtenwort gegen das neue Gesetz.

Als Motor des Widerstandes mag Lichtenberg noch öfter aufgetreten sein, ohne daß dies aus den Quellen immer klar ersichtlich ist. Alfons Erb listet gefährliche Aussprüche auf, die aus seinem Konvertitenunterricht überliefert sind, etwa: „Ob das Dritte Reich tausend Jahre bestehen wird, weiß ich nicht, aber eines weiß ich: Jesus Christus gestern und heute, derselbe auch in Ewigkeit!" Oder er habe entrüstet festgestellt, in einer Schulklasse habe man das Kreuz entfernt und statt dessen „das Bild eines Menschen" in die Herrgottsecke gehängt – „welch eine Blasphemie!". Damals konnte man sich schon mit viel harmloserer Kritik an der allmächtigen Partei Berufsverbot und Gefängnis einhandeln.

Ein anderer Lichtenberg-Biograph, der Jesuit Otto Ogiermann, hat in der Pfarrchronik der St. Hedwigs-Gemeinde die Spuren einer frühen brisanten Auseinandersetzung zwischen Lichtenberg und Hitlers Chefideologen Alfred Rosenberg entdeckt: Am 1. März 1934 griff während der Kommunionaustteilung in der Kathedrale ein junger Mann einen Priester an, stieß laute Gotteslästerungen aus, warf etliche Hostien aus dem Kelch auf den Boden und rannte mit einer Handvoll weiterer Hostien aus der Kirche. In der Gerichtsverhandlung – er erhielt neun Monate Haft – gab er an, er sei durch die Lektüre von Nietzsches „Also sprach Zarathustra" und Rosenbergs „Mythus des 20. Jahrhunderts" zu seiner Tat motiviert worden.

Der junge Mann ging in die Berufung. In der Neuauflage des Prozesses war der als Zeuge geladene Lichtenberg souverän genug, den Angeklagten zu entlasten: Dessen subjektive Schuld sei durch die Lektüre der genannten Bücher stark herabgemindert, und auf die Anklagebank gehörten eigentlich Nietzsche und Rosenberg! Diesmal wurde der Gotteslästerer freigesprochen.

Als sich Lichtenberg so bewußt den Mund verbrannte, waren die Nazis immerhin schon das zweite Jahr an der Macht, und der von ihm angegriffene Rosenberg war nicht irgendwer, sondern Hitlers außenpolitischer Berater aus der „Kampfzeit" der braunen Bewegung, führender Theoretiker und Philosoph der Partei und „Beauftragter des Führers für die Überwachung der gesamten geistigen und weltanschaulichen Schulung und Erziehung der NSDAP", wie sein bombastischer Titel hieß.

Rosenbergs „Mythus des 20. Jahrhunderts" wurde zwar auch von den führenden Parteigenossen nicht ganz ernstgenommen, galt aber neben Hitlers „Mein Kampf" als braune Bibel und sollte der Beginn eines neuen Denkens in den Köpfen und eines neuen Fühlens in den Herzen sein, der Aufbruch zu einer neuen Religion. Zitat: „Heute erwacht ein neuer Glaube, der Mythus des Blutes, der Glaube, mit dem Blute auch das göttliche Wesen der Menschen überhaupt zu verteidigen, unser mit hellstem Wissen verkörperter Glaube, daß das nordische Blut jenes Mysterium darstellt, welches die alten Sakramente ersetzt und überwunden hat."

Hitler und der „Pfaffenspiegel"

Als hätte er sich mit der Attacke auf den Vordenker der Faschisten noch nicht weit genug vorgewagt, führte Lichtenberg im folgenden Jahr bei Hitler persönlich Klage über die systematisch geförderte Verbreitung kirchenfeindlicher Pamphlete. Er hatte dabei vor allem einen Lieblingsschmöker der Nazis im Auge, Otto von Corvins 1845 erschienenen und im Dritten Reich in Riesenauflagen vertriebenen „Pfaffenspiegel". Unter dem Deckmantel der Aufklärung über historische Untaten der Kirche reihte der zweibändige Wälzer im Stil eines Gossenromans Jesuitenintrigen, vatikanische Bettgeschichten und Klosterorgien aneinander.

Der heutige Berliner Bistumsarchivar Dr. Gotthard Klein hat Lichtenbergs Beschwerdebrief vom 10. Dezember 1935 im Bundesarchiv Koblenz ausgegraben. Es handelt sich um ein kleines Kabinettstück ungebrochenen Selbstbewußtseins und hintersinniger Frechheit, redet Lichtenberg dem „Führer" doch sozusagen als sein Heimatpfarrer ins Gewissen: „Als Dompfarrer der St. Hedwigs-Gemeinde, zu der auch die Reichskanzlei gehört, halte ich mich für berechtigt, dem Führer und Reichskanzler unmittelbar die Bitte vorzutragen, den schriftstellernden Totengräbern des deutschen Vaterlandes das Handwerk zu legen." Selbstverständlich hat das „Pfarrkind" in der Reichskanzlei den Briefschreiber keiner Antwort gewürdigt. Ebensowenig wie der Reichsinnenminister Dr. Wilhelm Frick, bei dem er gegen die Androhung des Verbots der katholischen Wochenzeitung „Junge Front" protestiert hatte.

In einer anderen Sache war Lichtenberg dagegen bei Frick erfolgreich gewesen: Im Namen der Bischöflichen Behörde hatte er Protest gegen die Verbreitung des „Devisenschieberliedes" eingelegt. Seit März 1935 waren überall im Reich Ordensleute verhaftet und zu hohen Zuchthausstrafen verurteilt worden, weil sie die internationale Vernetzung ihrer Gemeinschaften benutzt hatten, um – meist fahrlässig, manchmal auch bewußt – die noch auf die Regierung Brüning (1932 zum Rücktritt gezwungen) zurückgehende und von den Nazis weiterentwickelte Devisengesetzgebung zu umgehen. Die braune Propaganda machte aus diesen Vorfällen einen Beweis für die grundsätzliche moralische Verkommenheit der Ordensleute und Bischöfe und zettelte eine gigantische Hetzkampagne an.

Das „Devisenschieberlied", das ein bekanntes Soldatenliedchen parodierte, wurde zum Lieblingsschlager der Hitlerjugend und gegrölt, wenn sich irgendwo ein Bischof sehen ließ:

„Als wir Devisen schoben,
Wir waren unser drei,
Ein Priester und zwei Brüder,
'ne Nonne war dabei.
Und als sie weiter schoben,
Da warens nur noch zwei,
Der eine saß im Kittchen,
Den hat man am Schlafittchen,
Da war der Spaß vorbei.
Da flüstert sie ganz leise:
Nun gilt es dir, Gesell,
Nun kommst du kahl geschoren,
Siehst aus wie 'n Arsch mit Ohren
Zum himmlischen Appell!"

Erstaunlicherweise verbot das Ministerium Verbreitung und öffentlichen Vortrag des Schmähgesangs zwei Monate nach dem Protest aus Berlin.

Fast gleichzeitig wurde Lichtenberg, wie wir bereits wissen, beim Preußischen Innenministerium vorstellig, um wegen der Menschenrechtsverletzungen im Lager Esterwegen Alarm zu schlagen. Das bereits kurz nach der Machtübernahme, im März 1933, errichtete „Schutzhaftlager" im Emslandmoor nahe der holländischen Grenze beherbergte Kommunisten, Juden, ehemalige Regierungsbeamte, aber auch „normale" Kriminelle, die zum Torfstechen und Grabenausheben im Moor eingesetzt waren und von ihren SS-Bewachern nach Herzenslust mit Gummiknüppeln, Gewehrkolben, Zaunlatten, Fäusten und Fußtritten mißhandelt wurden; eine Anzahl prominenter, vor allem jüdischer Gefangener wurde erschossen. Bezeichnenderweise unterstand das später im KZ Sachsenhausen aufgegangene Lager nicht der Justiz, sondern dem Ministerium Göring.

Lichtenbergs Memorandum schildert unter anderem detailliert die in Esterwegen systematisch angewandte Prügelstrafe – vor den versammelten Lagerinsassen 25 Schläge mit dem Ochsenziemer, die der Gefangene mitzählen mußte; in manchen Fällen auch eine „völlig unkontrollierte" Vollstreckung in den Baracken der Wachmannschaft – und das sogenannte Schleifen auf der Lagerstraße: „Der Gefangene muß zunächst die 200 Meter lange Strecke hin- und zurückrennen. Dann wird Stillgestanden kommandiert. In dieser Stellung muß er sich hinwerfen und, die Arme fest an den Körper, die Strecke hin- und zurückrollen. Wenn er zurückkommt, heißt es sprungauf, marsch, marsch!"

Den Katholiken, so weiß Lichtenberg aus sicherer Quelle, hat man die Rosenkränze fortgenommen und mit den Stiefeln zertreten, Bibeln und Gebetbücher haben die SS-Leute in Fetzen gerissen. „Die Juden", fährt er fort, „haben besonders zu leiden. Sie müssen meistens Jauche fahren, die Klosettgruben reinigen, und das teilweise mit den Händen. Sie müssen, wenn sie zum Rollen kommandiert werden, in der Jauche rollen."

Er vergißt auch nicht zu erwähnen, daß am 13. April 1935 der Führer des Deutschen Bergarbeiterverbandes, der einstige sozialdemokratische Reichstagsabgeordnete Fritz Husemann, in Esterwegen erschossen („zwei Schüsse in den Hals") und in eine Kiste geworfen worden ist und daß ein Frankfurter Kommunist namens Ohl sein Schicksal geteilt hat, weil er die Unverschämtheit besaß, sich erhängen zu wollen. „Er wurde dabei überrascht und rechtzeitig abgeschnitten. Zur Strafe für diesen Versuch bekam er 25 Stockhiebe zudiktiert, die ihm in der geschilderten Weise mit dem Ochsenziemer verabfolgt wurden. Am Tage darauf ging Ohl bei der Außenarbeit fort und wurde dann erschossen."

Die Empfänger des Memorandums schäumten vor Wut: Wenige Tage, nachdem Lichtenberg sein Protestschreiben übergeben hatte, regte die Gestapo beim Reichskirchenministerium an, Strafanzeige gegen den Dompfarrer zu stellen – wegen Landesverrats, Kanzelmißbrauchs und Verstoßes gegen das Heimtückegesetz.Wie wir wissen, hatte der Inspekteur der Konzentrationslager später noch eine bessere Idee: Warum nicht den Pfarrer in Schutzhaft nehmen, damit er sich von der „Ordnung und Sauberkeit" des Lagerlebens überzeugen könne?

„Schlagt tot, schlagt alle tot!"

Mit diesen Aktivitäten setzten sich Lichtenberg und die Berliner Bischöfliche Behörde deutlich von dem diplomatischen Kurs ab, den die meisten Oberhirten und Kirchenfunktionäre damals fuhren: den Gegner nicht reizen, hinter den Kulissen intervenieren, aber jeden öffentlichen Zwist vermeiden. Lichtenberg nahm jenen Bruch vorweg, den Rom nach Jahren des Zögerns und der geduldigen Vermittlungstaktik schließlich 1937 vollzog – durch die Enzyklika „Mit brennender Sorge", deren Entwurf von Kardinal Faulhaber stammte und die im deutschen Katholizismus wie eine Befreiung empfunden wurde.

Zitat aus diesem Rundschreiben: „Wer die Rasse oder das Volk oder den Staat oder die Staatsform ... aus dieser irdischen Wertskala herauslöst, sie zur höchsten Norm aller, auch der religiösen Werte macht und sie mit Götzenkult vergöttert, der verkehrt und verfälscht die gottgeschaffene und gottbefohlene Ordnung der Dinge. ... Nur oberflächliche Geister können der Irrlehre verfallen, von einem nationalen Gott, von einer nationalen Religion zu sprechen, können den wahnwitzigen Versuch unternehmen, Gott ... in die Grenzen eines einzelnen Volkes, in die blutmäßige Enge einer einzelnen Rasse einkerkern zu wollen ..."

Das Regime verzichtete nun endgültig auf jede Tarnung und ging zum offenen Terror über. Goebbels attackierte die Kirche und ihre Ordensgemeinschaften bei einer Rede in der Berliner Deutschlandhalle mit bisher nicht dagewesener Schärfe: „Herdenmäßige Unzucht" habe sich in den Orden und im Klerus ausgebreitet, „Tausende von Geistlichen und Ordensbrüdern" gingen auf die „planmäßige sittliche Verwilderung Tausender von Kindern und Kranken" aus. „Aufhängen!" und

71

„Verbrennt sie!" schrie die begeisterte Menge in der Deutschlandhalle.

Die „Schutzhaft" für kritische Priester und Laien endete immer öfter im KZ. Pfadfinder, Marianische Jungfrauenkongregationen und sämtliche andere Jugendverbände wurden aufgelöst. Im Februar 1938 drang die Gestapo in das Berliner Ordinariat ein, nahm Material über den „Arbeiterverein" und die letzten noch erlaubten kirchlichen Organisationen mit.

In internen Parteidokumenten war jetzt immer unverblümter von der völligen Liquidierung des Christentums spätestens nach dem „Endsieg" die Rede. Unmittelbar nach dem Überfall auf Rußland verfügte der Reichsführer SS Heinrich Himmler, „sämtliche hetzerischen Pfaffen ... sowie Kommunisten und ähnliches Gesindel" seien „grundsätzlich" ins KZ zu bringen. Himmler, Hitlers Privatsekretär Bormann sowie der Chef der Sicherheitspolizei, Reinhard Heydrich, gehörten zu dem inneren Zirkel der NSDAP, der in der Folgezeit eine verschärft aggressive Kirchenpolitik durchsetzte: Abschaffung des Religionsunterrichts für die älteren Schüler, Enteignung der katholischen Kindergärten, Entfernung der Kreuze aus den Klassenzimmern, massenweise Aufhebung von Ordenshäusern.

Währenddessen bereitete man in der obersten Parteiführung allen Ernstes die Proklamation Hitlers zum neuen Erlöser vor. Die Kinder lernten in der Schule neue Tischgebete wie das folgende:

„Führer, mein Führer, von Gott mir gegeben,
beschütz' und erhalte noch lange mein Leben!
Hast Deutschland gerettet aus tiefster Not!
Dir danke ich heute mein täglich Brot.
Bleib lang noch bei mir, verlaß mich nicht,

Führer, mein Führer, mein Glaube, mein Licht!
Heil, mein Führer!"

In der Hitlerjugend sang man nun nicht mehr Parodien
auf die „Devisenschieber", sondern Kampflieder gegen
den Papst:

„Ein schwarzer Götze in weißem Gewand
regiert von Rom aus die Stunde,
regiert auch schon das deutsche Land,
seine Diener sind treue Hunde.
Schlagt tot, schlagt tot, schlagt alle tot!
Schlagt sie nieder, die heuchelnden Geister
mit deutscher Kraft und deutschem Mut,
dann werdet ihr deutsche Meister."

Es handelte sich keineswegs nur um das Rabaukentum
unreifer Halbstarker. Auch die Hochschulabteilungen
der SA hatten ihre Lieblingslieder. Das folgende sang
man nach der Melodie „Vom Barette schwankt die Feder":

„Trotzig haben wir gerungen fünfzehn Jahre um die
    Macht,
und der Sturm ist uns gelungen, wenn auch Rom und
    Juda lacht.
Juden raus, Papst hinaus, aus dem deutschen Vater-
    haus!
Nein, wir haben nicht geblutet namenlos und ohne
    Ruhm,
daß der Deutschen Art verjudet weiter durch das
    Christentum.
Juden raus, Papst hinaus, aus dem deutschen Vater-
    haus!
Fort mit eurer Judenbibel, eurer salbungsvollen Art,
Knechtsinn, Demut sind von Übel. Wir sind aufrecht,
    stolz und hart.

Juden raus, Papst hinaus, aus dem deutschen Vater-
haus!
Papst und Rabbi sollen weichen, Heiden wolln wir
wieder sein,
nicht mehr in die Kirche schleichen, Sonnenrad führt
uns allein.
Juden raus, Papst hinaus, aus dem deutschen Vater-
haus!!!"

Doch immer noch schwankten die Bischöfe zwischen
dem Vertrauen in die Diplomatie und der Sehnsucht
nach dem befreienden lauten Protest. Die Gruppe der ab-
wartenden Taktiker um den greisen Vorsitzenden der Bischofskonferenz, Kardinal Bertram von Breslau, beant-
wortete jede Konkordatsverletzung mit juristisch glän-
zend abgesicherten, aber ziemlich folgenlosen Eingaben.
Konnte man denn wirklich auf die Standfestigkeit des
Kirchenvolkes zählen, wenn es hart auf hart gehen sollte? Durfte man einen totalen Vernichtungskampf riskie-
ren? Was, wenn sich das Regime nach weiteren Blitz-
siegen für Jahrzehnte etablieren würde? Denkschriften,
immer neue Denkschriften an die Reichskanzlei statt un-
mißverständlicher Hirtenworte von allen Kirchenkan-
zeln.

Die andere Fraktion von Bischöfen um Konrad Graf
von Preysing (Berlin), Clemens Graf von Galen (Münster) und Michael Faulhaber (München) vertrat die
Gegenposition: „Nach den bisherigen Erfahrungen im
kirchenpolitischen Kampf sind Öffentlichkeit und Mas-
senreaktion die von der Partei gefürchtetsten Faktoren",
hieß es in einem Memorandum Preysings, der sein Bistum jeweils detailliert über die Vorgänge im Reich zu informieren pflegte. Konfrontationskurs statt Besänf-
tigungstaktik, klares öffentliches Zeugnis statt Geheim-
diplomatie.

Preysing war im Oktober 1937 der erste deutsche Bischof gewesen, der den Versuch neuer Vereinbarungen mit der Partei oder dem Staat rundweg ablehnte. Nicht das „Neuheidentum", von dem viele seiner Amtskollegen ebenso entrüstet wie vage zu sprechen pflegten, machte den Nazismus in seinen Augen zum unversöhnlichen Gegner der Kirche, sondern seine totalitäre Tendenz: Lückenlose Kontrolle über das geistige Leben betrachte er als Voraussetzung, um seine Machtposition zu behalten.

Deshalb seien Verhandlungen mit dem Nationalsozialismus von vornherein zum Scheitern verurteilt, und lediglich „bewiesene Macht", nicht irgendein Appell an Anstand und Wahrheitsgefühl könne die Partei „eventuell" dazu bringen, ihren Vernichtungsfeldzug gegen die Kirche zu beenden. Sollte es jedoch zum Äußersten kommen, sei es immer noch besser, „für die Freiheit der Kirche unter Widerstand bis zum letzten zu unterliegen, als mit entehrenden und im Grunde lächerlichen Verhandlungen der Partei ihre Arbeit noch zu erleichtern".

„Der gläubige Katholik steht in Deutschland unter Ausnahmerecht", erklärte Preysing unmißverständlich wenige Wochen später in einem Hirtenwort. Die Preysing-Gruppe hatte die Sympathien Roms; der Berliner Bischof gehörte zu jenen Oberhirten, die 1937 unter strenger Geheimhaltung in den Vatikan beordert wurden, um die Enzyklika „Mit brennender Sorge" vorzubereiten. Trotzdem konnte sich die konfliktfreudige Fraktion im Episkopat nicht durchsetzen: Ihr Bemühen um einen gemeinsamen Hirtenbrief im harten Stil der päpstlichen Enzyklika scheiterte 1937 ebenso wie später, 1941, als auch die KZs und die Tötung „lebensunwerten" Lebens zur Sprache kommen sollten. Ein entsprechendes Hirtenschreiben wurde erst 1943 veröffentlicht, zu spät und sehr vorsichtig formuliert.

Statt dessen gratulierte Kardinal Bertram in seinem hilflosen Bemühen um gutes Wetter zwischen Staat und Kirche dem „Führer" im Namen der Bischofskonferenz zum Geburtstag – ohne seine Kollegen nach ihrem Einverständnis zu fragen. Preysing war über diesen Alleingang so wütend, daß er den Rücktritt vom Bischofsamt erwog.

4

„Draußen brennt die Synagoge, das ist auch ein Gotteshaus" –

Ein Christ, der für die Juden schrie

*„Christus kann gar kein Jude gewesen sein.
Das brauche ich erst gar nicht wissenschaftlich
zu beweisen. Das ist so!"*

JOSEPH GOEBBELS 1934

*„Gehören sie doch rassenmäßig dem Volke
Jesu Christi an, der dem Fleische nach
aus dem Stamme Davids kommt"*

BERNHARD LICHTENBERG 1942

Besonders glanzvoll war es nicht, das Lavieren des deutschen Katholizismus zwischen Anpassung und Widerstand. An der Reaktion auf die mörderische Judenpolitik der Nazis läßt sich die Gratwanderung gut nachvollziehen.

„Leider sagen heute noch viele: ,Die Juden sind auch Geschöpfe Gottes. Darum müßt Ihr sie auch achten.' Wir aber sagen: Ungeziefer sind auch Tiere, und trotzdem vernichten wir es." Das schrieb die kleine Erna aus Gelsenkirchen 1934 in ihr Schulheft.

Die Redakteure des „Stürmer" freuten sich so über die Argumentation aus Kindermund, daß sie den Schulaufsatz lobend abdruckten – zwischen hirnrissigen Theorien („Ein einziger Beischlaf eines Juden bei einer arischen Frau genügt, um deren Blut für immer zu vergiften"), Skandalgeschichten und Denunziationen („Die Junglehrerin Maria Schmidt aus Heiligenbrunn küßte ihre volljüdische Schwägerin am 13. April 1939 in aller Öffentlichkeit auf einer Straße in Güssing").

Ein blutrünstiger Antisemitismus gehörte von Anfang an zum unverzichtbaren Repertoire der Nazis, seit dem Parteiprogramm von 1920 („Volksgenosse" könne nur sein, wer „deutschen Blutes" sei) und Hitlers „Mein Kampf" (menschliche Kultur sei „nahezu ausschließlich schöpferisches Produkt des Ariers" und ihr Untergang Folge einer „Blutsvermischung"). Daß es sich dabei keineswegs nur um irgendwelche wilden Wahlkampfparolen handelte, zeigt eine Gesetzesinitiative der NSDAP-Reichstagsfraktion von 1930, die bereits Zuchthaus bzw. Todesstrafe für „Rassenschande" forderte.

Wenige Wochen nach der Machtübernahme 1933 begann denn auch mit einer Kette von Ausnahmegesetzen (Entfernung von jüdischen Beamten aus dem Staatsdienst, Verbot der Eheschließung zwischen Juden und Nichtjuden, Berufsverbot für jüdische Ärzte und Anwälte) die zielsichere Verdrängung der jüdischen Mitbürger aus dem gesellschaftlichen und wirtschaftlichen Leben. Wobei auch für die nationalsozialistische Judenpolitik nicht von Anfang an klar war, was am Ende dieses Entrechtungsprozesses stehen sollte. Zur „Endlösung" in den Vernichtungslagern führte ein verschlungener Weg von der Propagierung der Auswanderung (bis in das zweite Kriegsjahr hinein) über die Pläne, sämtliche europäischen Juden in einem Reservat zu konzentrieren und in ein besiegtes und zum Sklavenstaat gemachtes Rußland zu deportieren, bis zur generalstabsmäßig organisierten Liquidierung eines ganzen Volkes.

Judenhatz auf dem Kurfürstendamm

Jedenfalls geschah sie an jeder Straßenecke und in jedem Zeitungsblatt, vor aller Augen und von vielen bejubelt, die Entrechtung und Verfolgung der Landsleute Jesu, von der so mancher erst nach dem Krieg erfahren haben will: An den Hauswänden prangten Schilder wie „In diesem Grundstück wohnen keine Juden" und „Juden unerwünscht"; der Zugang zu Restaurants und Freibädern war Juden ausdrücklich verwehrt; in den Spielzeugläden wurde ein „zeitgemäßes und überaus lustiges Gesellschaftsspiel für Erwachsene und Kinder" mit dem Titel „Juden raus!" angeboten.

Bereits unmittelbar nach der Reichstagswahl im März 1933 wurden auf dem Berliner Kurfürstendamm Juden angepöbelt, gejagt, zusammengeschlagen. Johlende Menschenmengen drangen in Gerichtssäle ein und erzwangen den Abbruch von Verhandlungen, an denen jüdische Richter oder Anwälte beteiligt waren. Im Juli 1935 kam es auf dem Kurfürstendamm zu solch blutigen Pogromen, daß der Polizeipräsident sämtliche jüdischen Geschäfte schließen ließ. „Berlin wird vom Kommunismus, von der Reaktion und den Juden gereinigt!" triumphierte der von Goebbels herausgegebene „Angriff".

Sentimentalitäten konnte sich die „Bewegung" nicht leisten; dafür sorgten schon die überall – auch von Hochschulstudenten und Lehrern – gegrölten Hetzlieder:

„Wetzt die langen Messer
Auf dem Bürgersteig!
Laßt die Messer flutschen
In den Judenleib!
Blut muß fließen knüppelhageldick,
Wir scheißen auf die Freiheit der Judenrepublik.
Kommt einst die Stunde der Vergeltung,
Sind wir zu jedem Massenmord bereit."

Eine Berlinerin, damals ein junges Mädchen, erinnert sich an den offenen Terror und die vielen versteckten Demütigungen, an den Zusatznamen „Sara" im Ausweis und das „J" (Jude) auf den Lebensmittelkarten, an die Wohnungskündigung, als der Mieterschutz für Juden aufgehoben war, und die Massenverhaftung von 1500 Berliner Juden 1938: „Für die Juden wurde eine Vielzahl von Ver- und Anordnungen erlassen, um sie, wie es hieß, an ‚staatsfeindlichen Handlungen' zu hindern. Juden mußten ihre Radiogeräte abliefern. Ihre Telefonanschlüsse wurden abgeschaltet. Juden durften zwischen 20 und 5 Uhr ihre Wohnungen nicht verlassen. ... Parks und öffentliche Anlagen wurden für sie gesperrt. Selbst das Sitzen auf dort einst für Juden mit einem Judenstern gekennzeichneten Bänken wurde untersagt."

In der „Reichskristallnacht" 9./10. November 1938 brannten auch in Berlin die Synagogen, wurden jüdische Geschäfte und Wohnungen verwüstet, jüdische Familien verhaftet und deportiert. Die „spontane Volkswut" war perfekt organisiert worden: „Es werden in kürzester Frist in ganz Deutschland Aktionen gegen Juden, insbesondere gegen deren Synagogen stattfinden", kündigte Gestapo-Chef Müller in einem Rundschreiben an alle Gestapo-Leitstellen im Reich an. „Sie sind nicht zu stören. ... Es ist vorzubereiten die Festnahme von etwa 20 000 bis 30 000 Juden im Reiche. Es sind auszuwählen vor allem vermögende Juden."

Als die grausame Schreckensnacht vorbei war, zählte man 7 500 zerstörte Geschäfte, 171 niedergebrannte Synagogen, 91 kaltblütig Ermordete. Rund 26 000 Juden wurden (die meisten zu diesem Zeitpunkt noch vorübergehend) in Konzentrationslager gebracht.

Wem gehört das Alte Testament?

Am 28. Oktober 1965 ließen die zum Zweiten Vatikanischen Konzil in Rom versammelten rund 2500 Bischöfe der katholischen Weltkirche verkünden, im Bewußtsein des reichen gemeinsamen Erbes beklage man „alle Haßausbrüche, Verfolgungen und Manifestationen des Antisemitismus, die sich zu irgendeiner Zeit und von irgend jemandem gegen die Juden gerichtet haben". Papst Johannes Paul II., aus einem Land mit starker antisemitischer Tradition stammend, knüpfte bei seinem Besuch in der römischen Synagoge 1986 an diese Erklärung an und stellte fest, die jüdische Religion gehöre zum Inneren der eigenen, christlichen Religion: „Ihr seid unsere älteren Brüder!"

So respektvoll redeten die Christen nicht immer über das Judentum. Seit mittelalterliche Bildhauer die sieghaft-strahlende Kirche der gedemütigten Synagoge mit den verbundenen Augen gegenübergestellt haben, wird der erste, größere Teil der Bibel verächtlich ignoriert oder listig vereinnahmt: Das „Alte Testament" soll nicht mehr den Juden gehören, sondern der Kirche, dem „neuen", „wahren" Israel, und wichtig ist an der hebräischen Bibel nur, was irgendwie auf Jesus und seine Kirche vorausweist.

Erst in den letzten Jahrzehnten hat eine mutige Vorhut von Christen zu lernen begonnen, daß sie ihre eigene Religion erst dann voll verstehen und leben können, wenn sie deren jüdische Wurzeln kennen. Sie versuchen, die verlorengegangene Einheit der ganzen Bibel wiederzugewinnen und dem „Alten Testament" seine eigenständige Würde zurückzugeben. Statt der hebräischen Bibel bloß irgendwelche auf Jesus hindeutende Prophezeiungen zu entnehmen, beginnen sie, ihr „Neues Testament" im Licht des „Alten" zu lesen.

Sie erinnern sich daran, wie eindringlich der Judenchrist Paulus seine Glaubensbrüder in Rom gewarnt hat, sich über die anderen Zweige des Baumes zu erheben: „Nicht du trägst die Wurzel, sondern die Wurzel trägt dich." Glaube an den einen, treuen, persönlichen Gott, Schöpfungstheologie, Respekt vor dem Menschen, dem Ebenbild Gottes, Hoffnung auf eine gute Zukunft, Verpflichtung zum Engagement für eine gerechte Welt, Hoffnung auch für die Toten, die nicht vergessen sind, sondern von Gott zum Leben auferweckt werden – alles jüdisches Glaubenserbe, das die Christen nicht bedroht, sondern bereichert und befruchtet. Keine feindselige Konkurrenz, sondern gemeinsames Warten auf den großen Tag Gottes.

Sie begreifen, daß Gottes Bund mit Israel nie gekündigt worden ist und daß Juden und Christen gemeinsam daran teilhaben. Sie beginnen, für möglich zu halten, was ihnen Bibelwissenschaftler mit guten Argumenten zu belegen suchen: Ganz Israel wird am Ende der Zeiten gerettet werden, und zwar ohne vorhergehende Bekehrung, sondern durch den wiederkommenden Christus selbst.

Natürlich ist es nicht so, daß früher alle Christen verkappte Antisemiten gewesen wären. Neben den Talmudverbrennungen und den Pogromen fanatischer Kreuzritter stehen die langen Perioden friedlichen Zusammenlebens im deutschen und spanischen Mittelalter. Bischöfe und Päpste schützten die Juden oft genug vor ihren Verfolgern – erfanden freilich auch den „gelben Fleck", den Vorläufer des Judensterns. In Jugoslawien und der Slowakei gründeten katholische Kleriker antisemitische Parteien – aber im deutschen Kaiserreich stritt das Zentrum tapfer gegen die juristische Diskriminierung jüdischer Mitbürger, und eine gründliche Studie über die Haltung katholischer Tageszeitungen zwi-

82

schen 1923 und 1933 zur Judenfrage hat für Deutschland das völlige Fehlen antijüdischer Tendenzen in dieser haßerfüllten Zeit ergeben (für österreichische Blätter allerdings antijüdische Einstellungen in 40 bis 60 Prozent der einschlägigen Berichte und Kommentare).

Während der renommierte Tübinger Theologe Karl Adam Verständnis für eine auf „Blutreinheit des Volkstums" bedachte Gesetzgebung äußerte und der Regensburger Bischof Buchberger – der zur konfliktscheuen Fraktion unter den Hirten zählte – eine „gerechte Notwehr" gegen „übermächtiges jüdisches Kapital" akzeptieren konnte, prangerte der vielgelesene Jesuitenpater Friedrich Muckermann in seiner Kulturzeitschrift „Der Gral" die Schändungen jüdischer Friedhöfe und Synagogen an: Es sei „unsere christliche, menschliche und deutsche Pflicht", dagegen anzugehen.

Zur vielschichtigen kirchlichen Realität gehört jener litauische Pfarrer, der 1958 in einem Kriegsverbrecherprozeß gefragt wurde, warum er zu den Massenerschießungen von Juden in seiner Gemeinde geschwiegen habe – und allen Ernstes antwortete, damals vor Pilatus hätten die Juden doch selbst gerufen, Jesu Blut möge über sie und ihre Kinder kommen (mittlerweile haben christliche Theologen begriffen, daß das Blut des Gekreuzigten erlösende Qualität hat und nie der Rache dienen kann). Das Bild der Kirche in jener Zeit prägten aber auch Christen wie jener Pfarrer, der ebenfalls in Litauen 30 jüdische Kinder, deren Eltern man bereits erschossen hatte, in seiner Kirche versteckte. Als die von einem Denunzianten unterrichteten Deutschen die Kirchentür aufbrachen, stellte er sich ihnen in den Weg und schrie: „Wenn sie die Kinder töten wollen, müssen Sie erst mich umbringen!" Sie schossen mit ihren Maschinengewehren den Priester nieder und dann, über seine Leiche hinweg, alle 30 Kinder.

„Die Juden können sich selber helfen"

Die religiös begründete Überzeugung von der gleichen Würde jedes Menschen hatte jahrhundertelang mit Konkurrenzgefühlen und Abgrenzungsbedürfnissen gegenüber den „älteren Geschwistern" zu kämpfen, mit denen man die Bibel teilte, den Glauben an den Schöpfergott und, fatalerweise, den Messias, den seine jüdischen Brüder zum Teil abgelehnt hatten. Damit – und gewiß auch mit den leider allgemeinmenschlichen Fremdenängsten und Sündenbockmechanismen – erklärt sich die ambivalente Beziehung der Christen zu den Juden, die noch längst nicht bereinigt war, als die Nazis ihr Verdrängungs- und Ausrottungsprogramm in die Tat umzusetzen begannen.

Symptomatisch die Berührungsängste der katholischen Hierarchie: Für den 1. April 1933 hatte die NS-Regierung mit großem Brimborium den Boykott jüdischer Geschäfte angekündigt. Die „Arbeitsgemeinschaft der Konfessionen für den Frieden" (deren Vorstand Prälat Lichtenberg angehörte, wie wir wissen) schickte ihren Präsidenten, den Berliner Bankdirektor Oskar Wassermann, mit einem Empfehlungsschreiben Lichtenbergs zu Kardinal Bertram: Der Vorsitzende der Bischofskonferenz sollte gegen den Boykott intervenieren.

Bertram zögerte wie üblich, gab zu bedenken, er kenne die Hintergründe des Boykottaufrufs nicht, entschloß sich dann aber immerhin, seine Amtsbrüder nach ihrer Einschätzung zu fragen. Wobei er freilich seine Skepsis nicht verhehlte und mit einer für einen Seelenhirten erschütternden Eiseskälte erklärte, die „Angelegenheit" berühre das Aufgabengebiet der Bischöfe nicht, es handle sich um einen „wirtschaftlichen Kampf in einem uns in kirchlicher Hinsicht nicht nahestehenden Interessenkreis", und schließlich habe sich die „überwiegend in jüdischen Händen befindliche" Presse auch nicht aufgeregt, als in etlichen Ländern die Katholiken verfolgt worden seien.

Aus dem ansonsten erheblich mutigeren Kardinal Faulhaber brach es heraus, natürlich sei ein solches Vorgehen gegen die Juden „derart unchristlich, daß jeder Christ, nicht bloß jeder Priester, dagegen auftreten müßte". Für die kirchlichen Oberbehörden gebe es aber wichtigere Probleme wie die Bekenntnisschule, die bedrohten Verbände und das Sterilisierungsgesetz, „zumal man annehmen darf, und zum Teil schon erlebte, daß die Juden sich selber helfen können, daß wir also keinen Grund haben, der Regierung einen Grund zu geben, um die Judenhetze in eine Jesuitenhetze umzubiegen".

Katholische Meinungsführer wie Faulhaber – der in flammenden Predigten die Attacken auf die „Judenbibel" zurückgewiesen hatte und sich beim bayerischen „Reichsstatthalter" sehr engagiert für die „getauften Nichtarier" einsetzte – waren nicht einfach herzlos oder gleichgültig. Sie konnten noch nicht ahnen, welche furchtbare Mordmaschinerie jene Ausnahmegesetze und ersten Übergriffe auf jüdische Mitbürger nach sich ziehen würden.

Und sie waren noch ganz im Gettodenken verhaftet; die Kirche, in der sie großgeworden waren, fühlte sich dem Heil der eigenen Gläubigen verpflichtet, aber nicht den Menschenrechten und Freiheiten von Leuten, die anderen Bekenntnissen angehörten. Kirche als Hüterin des Naturrechts, ja eines Menschheitsethos über alle konfessionellen Schranken hinweg – zu solchen Visionen waren damals erst ganz wenige fähig: Leute wie Lichtenberg, Bonhoeffer, der späte Galen, Pater Franziskus Stratmann, Lichtenbergs Weggefährte im Friedensbund der deutschen Katholiken.

Stratmann nannte in einer Denkschrift für Kardinal Faulhaber die Judenverfolgung „eine Blasphemie, wenn man bedenkt, daß Christus in Ewigkeit dieser Rasse angehört, daß das Christentum nicht entstanden wäre ohne das Judentum". Von den Bischöfen sei jetzt ein offenes Wort gefordert. Stratmann: „Wir wissen, daß ein ungewöhnlicher Mut dazugehört, jetzt für die Wahrheit Zeugnis abzulegen, aber wir wissen auch, daß nur so Menschlichkeit und Christentum gerettet werden können. Am Opportunismus geht das echte Christentum zugrunde."

So erfolglos, wie das scheinen mag, waren diese einsamen Rufer in der Wüste gar nicht. Zumindest trugen sie dazu bei, daß der anfängliche Versuch der Nazi-Führer, sich den Christen – im Wissen um antijudaistische Traditionen in Theologie und Frömmigkeit – als Bundesgenossen gegen die Juden, ja sogar als Vollstrecker einer göttlichen Rache an den „Jesusmördern" anzudienen, auf der ganzen Linie scheiterten.

„Indem ich mich des Juden erwehre", hatte Hitler in „Mein Kampf" schwadroniert, „kämpfe ich für das Werk des Herrn." Doch die Christen durchschauten das Spiel sehr schnell und begriffen, daß sie von den Nazis genauso als ideologische Gegner betrachtet wurden und das Schicksal der Juden teilen sollten. „Ob nun Altes Testament oder Neues", bemerkte Hitler schon 1934 im vertrauten Gespräch, „alles ist doch nur derselbe jüdische Schwindel." Als junger Mann hatte er sich das Credo des österreichischen Urgermanen Georg Ritter von Schönerer über das Bett gehängt: „Ohne Juda, ohne Rom wird erbaut Alldeutschlands Dom." Sein fast allmächtiger Sekretär Martin Bormann charakterisierte die braune Weltanschauung knapp und präzise als „völlig antijüdisch = antikommunistisch = antichristlich".

Von der unmißverständlichen Enzyklika Pius XI. mit ihrer Absage an Rassismus und nationalistische Engführungen war schon die Rede („Mit brennender Sorge" war das einzige jemals in deutscher Originalfassung veröffentlichte päpstliche Rundschreiben, und schon deshalb war die Stoßrichtung klar). Im Jahr darauf beauftragte der Papst sämtliche katholischen Universitäten und Fakultäten, mit aller Kraft die einschlägigen Irrlehren zu bekämpfen und zu widerlegen. Vor Audienzteilnehmern erklärte er in leidenschaftlicher Empörung, es gebe nur eine einzige menschliche Rasse, und niemals könnten die Christen, geistige Nachkommen Abrahams, irgendeinen Antisemitismus mitmachen: „Dem Geist nach sind wir alle Semiten!"

Vielleicht hätten sie die Ermunterung durch diese eindeutige römische Haltung gar nicht nötig gehabt, weitblickende Geister wie Faulhaber, Galen, die Bischöfe Bornewasser von Trier, Dietz von Fulda, Machens von Hildesheim, Sproll von Rottenburg, um in manchmal schmerzlichen Lernprozessen zu begreifen, daß Rassenlehre und Menschenbild der „Völkischen" die christliche Überzeugung in ihren Grundfesten antasteten.

Warum haben sie geschwiegen?

Aus zahlreichen Studien auf lokaler und internationaler Ebene weiß man mittlerweile, wieviel Hilfe im Verborgenen kirchliche Institutionen und couragierte Einzelpersonen damals leisteten, praktische Überlebenshilfe: Rechtsberatung, die Lücken in den Vorschriften entdeckte oder Entscheidungen hinauszögern half, das Organisieren von Lebensmitteln, Unterstützung bei der Vorbereitung der Auswanderung, solange diese noch möglich war, Rettung vor der Deportation durch Verstecken oder Verschaffen eines Arbeitsplatzes in kriegswichtiger Produktion. Die Erzbischöfliche Hilfsstelle für nichtarische Katholiken in Wien etwa rettete Tausenden das Leben (natürlich waren es nicht nur getaufte Juden). Die Freiburger Caritas schleuste zahlreiche Juden über die Schweizer Grenze.

Der jüdische Publizist Pinchas Lapide spricht von 700 000 bis 860 000 Juden, die unter der Regentschaft von Papst Pius XII. vor den Häschern des Nationalsozialismus gerettet worden seien – von katholischen Ordinariaten, Ordenshäusern, Pfarrern und Privatpersonen, während Hilfsorganisationen wie das Internationale Rote Kreuz aus Sorge vor Repressalien (die Schweiz war von den Nazis eingeschlossen, und Hitler hätte das Genfer Abkommen kündigen und die ganze Rotkreuzarbeit zum Erliegen bringen können) geschwiegen hätten, während die britische Regierung die Einwanderung bedrohter Juden nach Palästina verboten und auch das US-Außenministerium lebensrettende Bemühungen vereitelt habe.

Der später so publikumswirksam als Verräter am menschenfreundlichen Gott geschmähte Pius XII. erwies sich als erfinderischer Organisator: Über den katholischen Raphaelsverein in Italien konnten zahllosen jüdischen Emigranten neutrale Gastländer vermittelt werden. In den besetzten Ländern (Frankreich, die Slowakei, vor allem Ungarn) vermochte die Kirche immer wieder erfolgreich zu intervenieren. Die Massenverhaftung der römischen Juden im Oktober 1943 stoppte der Papst mit der Drohung, öffentlich Anklage zu erheben.

85 Prozent der in Rom lebenden, zum Teil bereits aus besetzten Ländern geflohenen Juden fanden – wieder laut Lapide – Zuflucht in Klöstern (denen der Papst per Handschreiben die Aufhebung der Klausur befahl), in

Kirchen, in der Jesuiten-Universität Gregoriana, im Keller des Päpstlichen Bibelinstituts, im Vatikan selbst. 3000 Juden seien in der päpstlichen Sommerresidenz Castel Gandolfo versteckt gewesen, die 300 Mann starke Palastgarde sei auf geheimnisvolle Weise auf 4000 Mann angewachsen – Flüchtlinge mit dem kostbaren Vatikanausweis –, und auf der Synagoge am Tiber habe Pius das päpstliche Siegel anbringen lassen, woraufhin sie die Nazis tatsächlich verschont hätten.

Wunderbare Geschichten von Phantasie und Heldentum. Warum aber blieb das öffentliche Engagement auf breiter Front aus? Warum haben nicht nur Pius XII., sondern auch die meisten Bischöfe, Ordensoberen, Pfarrer geschwiegen?

Die Gründe sind vielfältig. Anfangs fehlte das Detailwissen, man ahnte vieles, konnte wenig beweisen. Später beschränkte man sich gern auf die Hilfe hinter den Kulissen, um durch öffentliche Proteste nicht auch noch die wenigen verbliebenen Einwirkungsmöglichkeiten zu gefährden und am Ende denen zu schaden, die man retten wollte. Bekannt ist das Schicksal der katholischen Juden in den Niederlanden, die 1942 als Rache für einen flammenden Appell der Bischöfe gegen die Judendeportationen allesamt verhaftet worden sind. Pius XII. hat sich später auf diese Vergeltungsaktion berufen, um zu begründen, warum er nicht laut protestiert hat: „ad maiora mala vitanda", um nicht noch Schlimmeres heraufzubeschwören, wie er in einem Brief an Graf Preysing gestand.

Auch so mutige, in der praktischen Hilfe an vorderster Front stehende Leute wie die Leiterin des Berliner Hilfswerks für verfolgte Juden, Margarete Sommer, vertraten die Ansicht, daß von einem öffentlichen Appell der Bischöfe „kein praktischer Erfolg zu erwarten" sei und „die noch mögliche Arbeit auch gefährdet werden könnte". Man muß wohl auch bedenken, daß es für die konservativ empfindenden Bischöfe etwas ganz anderes war, eine um die politische Macht ringende „Bewegung" zu kritisieren, als später der legal in ihr Amt gekommenen Reichsregierung das Recht auf gesetzliche Maßnahmen und politische Entscheidungen zu bestreiten, mochten diese moralisch auch noch so zweifelhaft sein. Und dann – wer wußte denn, ob das katholische Volk seinen Bischöfen wie ein Mann folgen und sich um der verfolgten Juden willen selbst in Gefahr bringen würde?

Als die deutschen Besatzer die dänischen Juden dazu zwingen wollten, sich den „gelben Stern" anzuheften, erklärte König Christian den Besatzungsbehörden ganz ruhig, dann werde er mit seiner Familie den Stern ebenfalls tragen. Die Nazis verzichteten auf die Maßnahme. Sie konnten schließlich kein ganzes Volk ausrotten. Sie verfolgten die Widerstandsbewegung, richteten Saboteure hin und zerstörten Druckereien im Untergrund. Aber sie mußten es zähneknirschend hinnehmen, daß Tausende dänischer Familien Juden bei sich versteckten und die Widerständler 7000 Juden über das Meer ins neutrale Schweden in Sicherheit brachten.

In Dänemark konnte der „Judenstern" nach der Drohung des Königshauses gar nicht erst eingeführt werden. Als er in Frankreich Vorschrift wurde, organisierten Gaullisten und Kommunisten auf den Boulevards Sympathiekundgebungen für jeden so gekennzeichneten Juden, der dort auftauchte. Zahllose Franzosen steckten sich Davidsterne aus Papier oder wenigstens gelbe Blumen an. In Amsterdam und anderen niederländischen Industriestädten streikten Arbeiter, Angestellte, sogar Beamte aus Solidarität, nachdem die Besatzer das Judenviertel verwüstet und 400 Menschen abtransportiert hatten.

Aber in Deutschland? Hätte ein früh erfolgter, mit gut organisierten Schutzmaßnahmen gekoppelter massenweiser Protest Erfolg haben können? Wären die Nazis mit einem geschlossenen kirchlichen Widerstand ebenso einfach fertig geworden wie mit den paar Einzelkämpfern? Sie hätten keine ganzen Dörfer verhaften können, und wenn nur jeder zwanzigste aktive Katholik hinter Gitter gewandert wäre, hätten sie keinen Krieg führen können und die Wirtschaft wäre zusammengebrochen.

Aber, wie gesagt, wären die deutschen Katholiken zu so einem geschlossenen Widerstand bereit gewesen?

Wer wollte den Holocaust schon glauben?

Die Kirche schwieg auch nach der Reichskristallnacht – obwohl Gestapo-Stellen verwirrt registrierten, daß in der Folgezeit in Predigt und Religionsunterricht verstärkt vom Juden Jesus und der Gleichheit aller Rassen vor Gott die Rede war, und der Regierungspräsident von Oberbayern mürrisch feststellte: „Nur die von der Kirche beeinflußten Kreise gehen in der Judenfrage noch nicht mit."

Als drei Jahre danach, im Herbst 1941, die Deportationen in die weit im Osten versteckten Vernichtungslager einsetzten, glaubte man anfangs noch, es handle sich lediglich um irgendwelche Umsiedlungen. Man darf heute nicht vergessen, daß auch die britische und die amerikanische Regierung die ersten Informationen über den systematisch betriebenen Völkermord nicht glauben wollten; was da berichtet wurde, schien einfach unvorstellbar. Noch im Mai 1942 plädierte ein William Denis Allen vom britischen Außenministerium dafür, keine politischen Schritte aufgrund solcher „ziemlich wilder Geschichten" zu unternehmen und erst einmal weitere Bestätigungen abzuwarten.

Als die grauenhafte Realität der „Endlösung" im Frühjahr 1942 allmählich in ihrem ganzen Umfang bekannt wurde, war es zu spät für Proteste. Gegeben hat es sie – in Gestalt interner Eingaben und mehr oder weniger abstrakter Hirtenbriefpassagen (August 1943: „Tötung ist in sich schlecht, auch wenn sie angeblich im Interesse des Gemeinwohls verübt würde: An schuld- und wehrlosen Geistesschwachen und -kranken ... an erblich Belasteten ... an unschuldigen Geiseln ... an Menschen fremder Rasse und Abstammung"). Viel mehr als den Verzicht des Regimes auf die geplante Zwangsscheidung aller rassischen „Mischehen" (mit der Deportation der bisher verschonten jüdischen Ehepartner in die KZs) konnten die Bischöfe nicht erreichen.

„Die meisten reagieren mit vollkommener Gleichgültigkeit", notierte die Berliner Redakteurin Ursula von Kardorff damals in ihrem Tagebuch. „Was interessieren mich die Juden?" habe ein Volontär zu ihr gesagt, er denke nur an seinen Bruder an der Ostfront. Andere freilich legten sich quer, sogar noch im März 1943: „Der Metteur Büsy erzählt mir heute beim Umbruch, daß sich in seiner Gegend am Rosenthaler Platz die Arbeiterfrauen zusammengerottet und laut gegen die Judentransporte protestiert hätten. Bewaffnete SS mit aufgepflanztem Bajonett und Stahlhelm holte Elendsgestalten aus den Häusern heraus. Alte Frauen, Kinder, verängstigte Männer wurden auf Lastwagen geladen und fortgeschafft. ‚Laßt doch die alten Frauen in Ruhe!' rief die Menge, ‚geht doch endlich an die Front, wo ihr hingehört' ... In unserem Viertel sieht man so etwas nie. Hier werden die Juden des Nachts geholt."

Und ist der rauhbeinige Arbeiter kein Held gewesen,

würdig, in alle Lesebücher aufgenommen zu werden, der in der Berliner Trambahn einer Frau, die den Judenstern trug, mit der Aufforderung Platz machte „Setz dir hin, olle Sternschnuppe" und den Nazi, der sich darüber beschwerte, anfuhr: „Üba meenen Arsch verfüje ick alleene"?

„Lasset uns beten für die Juden und für die Gefangenen in den KZs"

Die Art, wie Bernhard Lichtenberg seine Solidarität mit den Verfolgten ausdrückte, mag vornehmer gewesen sein als die raunzige Einladung des Arbeiters in der Trambahn; sie kam ebenso aus einem Herzen voller Wut und Mitleid, und sie war mindestens genauso riskant.

Im November 1938, als die Reichskristallnacht den jüdischen Mitbürgern Terror, Deportation und Tod bringt, tritt der mittlerweile zum Dompropst Ernannte ins volle Rampenlicht der Öffentlichkeit. Er sieht die demolierten jüdischen Geschäfte und die brennende Synagoge. Am Abend des 10. November – aus der Ruine dringt noch Rauch – steigt er zum gewohnten Abendgebet auf die Kanzel der Hedwigskathedrale. Eine Augenzeugin, katholische Jüdin, berichtet:

„Ich war innerlich benommen, denn ich war eine der Ausgestoßenen, hatte meinen Beruf verloren, weil mein Großvater Jude war. Ich war 15 Jahre Krankenschwester gewesen und bin ... entlassen worden und fand keinen Beruf mehr. Nun hatte ich mir einen Laden mühsam aufgebaut, und dann war der furchtbare Tag im November 1938. Trotz aller durchgemachten Schrecken ging ich am Abend des 8. November [hier irrt sich die Zeugin im Datum] in die Hedwigskirche. Dompropst

Lichtenberg war wie immer. Ruhig sprach er das Gebet: ‚Ich bete für die Priester in den Konzentrationslagern, für die Juden, für die Nichtarier.'

Und er sagte auch: ‚Was gestern war, wissen wir. Was morgen ist, wissen wir nicht. Aber was heute geschehen ist, haben wir erlebt. Draußen brennt die Synagoge. Das ist auch ein Gotteshaus.'

Ich dachte, mir blieb der Atem stehen. Das war Mut. Das war ein Spiel mit dem Tod. Ich erstarrte förmlich. Ich sah die SA schon hereinstürmen. Die Kirche war gefüllt mit Menschen. … Lichtenberg sagte in seinem Gebet auch: ‚Ich weiß, ich muß sterben. Ich weiß nicht wie, ich weiß nicht wann, ich weiß nicht wo. Aber eines weiß ich: Jesus Christus gestern und heute, derselbe auch in Ewigkeit.'“

Es bleibt ein Rätsel, daß der Dompropst dieses tägliche Abendgebet für die Juden noch oft und oft unbehelligt wiederholen konnte, drei Jahre lang, bis zu seiner Verhaftung am 23. Oktober 1941. Offenbar haben die Mitbeter im Gotteshaus dichtgehalten. Oder wußte die Lichtenberg überwachende Gestapo, was da vor sich ging, und tat dennoch nichts, mit Rücksicht auf die Popularität des Pfarrers oder weil man auf eine bessere Gelegenheit hoffte, auf eine Dummheit, die ihn in den Augen einer breiten Öffentlichkeit eher diskreditieren würde als die paar Gebetszeilen jeden Abend?

Tag für Tag dieselbe Bitte, wie ein hartnäckiger Hammerschlag an die für Recht und Menschlichkeit verschlossenen Türen des neuen Staatsgebäudes: „Lasset uns beten für die Juden und für die armen Gefangenen in den Konzentrationslagern.“ Tag für Tag die Erinnerung an das Schicksal derer, die dem herrschenden Wahn geopfert wurden. Tag für Tag der laute Widerspruch gegen das vorgeschriebene Weltbild: In denjenigen, denen die „Herrenrasse" ihre Menschenqualität absprach, entdeckte der Priester Lichtenberg das Antlitz Gottes, und er empfahl sie seiner Barmherzigkeit.

Gellte ihm die Drohung Gottes in den Ohren, der beim Propheten Sacharja tröstend zu den aus der Verbannung nach Jerusalem heimgekehrten Juden spricht: „Wer euch antastet, tastet meinen Augapfel an"?

Auch das beim Bischöflichen Ordinariat Berlin eingerichtete Hilfswerk, das Juden Kleider- und Lebensmittelkarten beschaffte, etliche Deportationen verhinderte, manchen das Leben rettete, indem es sie als „Hausangestellte" nach England vermittelte, auch dieses Hilfswerk arbeitete mitten in Hitlers Regierungsviertel so gut getarnt, daß die Gestapo zwar vieles wußte und noch mehr ahnte, aber keinen Anlaß zum Eingreifen bekam.

Das von Lichtenberg geleitete Hilfswerk war am 14. August 1938 unter der Verantwortung von Bischof Preysing gegründet worden, um den staatlichen Behörden ein Schnippchen zu schlagen: In den Jahren zuvor hatte nämlich der katholische St. Raphaels-Verein ausreisewilligen Juden bei der Emigration geholfen (Pässe beschafft, für Kontaktpersonen in der neuen Heimat gesorgt, restriktive Einwanderungsbestimmungen mit Hilfe des Vatikans und ausländischer Bischöfe überwunden), und das Caritas-Notwerk hatte Juden unterstützt, die aus ihren Stellungen gedrängt worden waren, Kleidersammlungen für Verschleppte veranstaltet und dergleichen Hilfsaktionen mehr. Bei der Vermittlung materieller Unterstützung aber kollidierten diese leicht zu überwachenden Institutionen immer wieder mit staatlichen Verboten, und das Caritas-Notwerk sah mit dem Einsatz für die Nichtarier seine steuerrechtliche „Gemeinnützigkeit" bedroht, so daß man eine mehr verdeckt operierende neue Organisation schuf, eben das Hilfswerk.

Seine Aufgaben: Rechtsberatung, Vermittlung von Geld und Lebensmittelkarten, Unterbringung gefährdeter Personen in „kriegswichtigen" Betrieben, von wo aus eine Deportation nur schwer möglich war, erfinderische Hilfe bei der Auswanderung und später Unterstützung der Deportierten durch Paket- und Geldsendungen. Als die jüdischen Kinder aus den öffentlichen Schulen flogen, gründete das Hilfswerk im Januar 1939 zusammen mit dem evangelischen „Büro Pfarrer Grüber" eine Schule für katholische und evangelische Kinder jüdischer Rasse, die immerhin bis zum Juni 1942 arbeiten konnte.

Weil der Bevölkerungsanteil der Juden in Berlin besonders hoch war und die Hauptstadt neben der Reichskanzlei und den Ministerien auch die Kommandozentrale des Verfolgungs- und Vernichtungsapparats beherbergte, liefen beim Hilfswerk wertvolle Informationen über die geplanten Maßnahmen zusammen. Man konnte nicht nur in manchen Fällen die Betroffenen oder ihre Pfarrämter vor der bevorstehenden Deportation warnen, man gab auch den Bischöfen und Kontaktleuten im Ausland Entscheidungshilfen an die Hand. Die Rettung der nichtarischen Ehepartner aus „Mischehen" ist zum Beispiel einer persönlichen Intervention der schon genannten Margarete Sommer (Lichtenbergs Nachfolgerin in der Leitung des Hilfswerks) bei Kardinal Bertram zu verdanken.

Davidstern und Kreuz

Warum war Lichtenberg das prophetische Wort für die Juden so wichtig? Ein Wort, das unmittelbar nichts veränderte, aber ein tödliches, mit jeder Wiederholung wachsendes Risiko bedeutete?

Es gibt keine Anzeichen dafür, daß er irgendeine besondere Beziehung zum Judentum gehabt hätte – jüdische Freunde, eine spezielle Liebe zu den Psalmen oder zur chassidischen Weisheit (die damals unter Christen auch noch gar nicht bekannt war), die Begegnung mit einem charismatischen Rabbi oder so etwas. Vielleicht war es wirklich so, daß die Liebe und das Gebet dieses schlichten Menschen einfach jedem Verfolgten galten: Seine Fürbitten beim Abendgebet in St. Hedwig widmete er je nach der aktuellen Lage den verfolgten Christen in Mexiko oder Rußland, den Opfern des spanischen Bürgerkrieges, den verwundeten Frontsoldaten „hüben und drüben" (das allein war schon eine Ohrfeige für den staatlich verordneten Chauvinismus), den Bombenopfern, den inhaftierten Mitbrüdern – und eben den Juden, als man sie abtransportierte wie Vieh ins Schlachthaus.

„Ich pflegte in diesen Abendgebeten für alle zu beten", erläutert er selbst. „Mein Gebet war ja katholisch, das heißt allgemein, und ich dachte, das hieße einfach: Die Sorgen der andern sind auch meine Sorgen!"

Lediglich in seinen spärlich erhaltenen Tagebuchnotizen taucht kurz nach der zwangsweisen Einführung des „Judensterns" im September 1941 ein merkwürdiges Bilderrätsel auf: der Davidstern auf der linken, das Kreuz auf der rechten Brust als Symbol für die Einheit der Bibel. „Wenn zum ersten Mal", schreibt er dazu, „am Fest Kreuzerhöhung [das in diese Septemberwoche fiel] der Davidstern von der linken Brust auch des katholischen Juden leuchten wird, dann sollte von der rechten das Kreuz Christi strahlen."

Das kann man nun ganz in den alten Denkmustern verstehen, wonach die Alternative zur Ausrottung der verstockten Juden ihre Bekehrung sei. Er kann aber auch die Integration des jüdischen Glaubenserbes in ein demütig gewordenes, um seine Wurzel wissendes Christentum gemeint haben, wie es etwa auch die Vision der in Auschwitz vergasten jüdischen Philosophin und Karmelitin Edith Stein gewesen ist. Der Judenstern, als Schandmal gedacht, zum Zeichen der Nähe Gottes uminterpretiert!

Daß er bereits im März 1933, als der reichsweite, generalstabsmäßig organisierte Boykott jüdischer Geschäfte vorbereitet wurde, für einen solidarischen Protest der Kirche eintrat, wissen wir bereits. Schließlich war sonnenklar, daß es sich um einen üblen Erpressungsversuch handelte: Schlag zehn Uhr morgens am 1. April postierten sich SA-Männer vor sämtlichen jüdischen Geschäften, fotografierten die wenigen Kunden, die sich nicht hatten einschüchtern lassen, und nahmen ihre Personalien auf.

„Draußen marschierten sie", erinnert sich die damals elfjährige Berlinerin Inge Deutschkron. „Demonstrativ zerrissen sie in unserer Straße die schwarzrotgoldene Fahne der Weimarer Republik in kleine Fetzen. Andere trugen Spruchbänder und Schilder mit den Parolen: ‚Deutsche, kauft nicht bei Juden. Das Weltjudentum will Deutschland vernichten. Deutsches Volk, wehr dich...!'"

Und ein paar Tage später: „Einige unserer Freunde waren aus der Gestapo-Haft in der Prinz-Albrecht-Straße entlassen worden. Ich hörte nur Bruchstücke ihrer Berichte: ‚... da war ein langer Gang, durch den ich rennen sollte, und als ich ihrem Befehl nicht schnell genug folgte, schlugen sie aus allen Richtungen auf mich ein, bis ich wie bewußtlos dahintorkelte ...' Andere schwiegen über ihre Erlebnisse, und wieder andere gelangten nie mehr in die Freiheit. Sie wurden sofort in ein Konzentrationslager eingewiesen, und nur die wenigsten von ihnen überlebten. Der Begriff ‚KZ' hatte damals noch nicht die Bedeutung erlangt wie heute. Hinter vorgehaltener Hand wurden Namen genannt: ‚Oranienburg' oder ‚Dachau'."

In einer solchen Atmosphäre kostete es Mut, an die Seite der Verfolgten zu treten – und dabei soviel Realismus zu beweisen wie Lichtenberg. Kardinal Faulhaber beispielsweise hatte auch etwas für die bedrängten jüdischen Familien (unter ihnen auch „Mischehen" jüdischer und christlicher Partner) tun wollen. Doch er benahm sich in diesem Fall ziemlich naiv. Weil der Boykott als Revanche für die ungeschminkten Berichte der „jüdischen Weltpresse" über den in Deutschland herrschenden Terror angekündigt worden war, schrieb Faulhaber an die Erzbischöfe von Chicago und New York, sie möchten doch auf die amerikanische Presse einwirken, die Haltlosigkeit solcher Nachrichten einzugestehen und damit die Nazis zu besänftigen!

Doch nicht einmal Lichtenberg mit seiner praktischen politischen Erfahrung aus der Bezirksverordnetenversammlung verhielt sich immer klug und vernünftig. In seinem Protestbrief an Hitler gegen die Förderung antichristlicher Schundliteratur meinte er den dezenten Hinweis anbringen zu müssen, der Verfasser des berüchtigten „Pfaffenspiegels", der Protestant Otto von Corvin, sei „nach neuesten Forschungen nicht arischer Herkunft" gewesen. Was nicht stimmte, aber von katholischen Meinungsführern wie Erzbischof Gröber (Freiburg) und Bischof Buchberger (Regensburg) hartnäckig behauptet wurde.

Man wird Lichtenberg den wenig sensiblen Ausrutscher – der von seinen Biographen stets verschwiegen wurde – verzeihen, denn wenige Monate danach setzte er sich mit einer Kollekte in die Nesseln, die er in der St. Hedwigs-Kathedrale ausdrücklich für „schwer notleidende nichtarische Katholiken" veranstaltete. Und in einer Predigt hat er seinem Groll auf die notorischen

Antisemiten mit dem Hinweis Luft gemacht, im Himmel gebe es nach dem sicheren Zeugnis der Bibel eine Menge Juden.

Lichtenberg: „Und sie werden auch mit Abraham, Isaak und Jakob zu Tische sitzen – und wem das nicht paßt, der mag draußen bleiben!"

5

„Ich fordere Rechenschaft für die Verbrechen" –

Protest und Denunziation

„Ich kümmere mich nicht um Glaubenssätze,
aber ich dulde nicht,
daß ein Pfaffe sich um irdische Sachen kümmert.
Die organisierte Lüge muß derart gebrochen werden,
daß der Staat absoluter Herr ist"

ADOLF HITLER

„Dann gehe ich ins Gefängnis!
Wenn wir Priester schweigen,
werden die Leute ja noch ganz irre"

BERNHARD LICHTENBERG, 1941

Hatte er einen mächtigen Schutzengel, oder wartete die Gestapo nur ab, um genug Belastungsmaterial zu sammeln und ihre Rache dann kalt genießen zu können?

Dem Dompropst geschah nichts, als er sich im September 1940 mit dem Luftschutzleiter der Ortsgruppe Berlin-Linden anlegte. Der hatte verfügt, Juden hätten in öffentlichen Luftschutzräumen nichts zu suchen, und ihnen sei dort nur im äußersten Notfall, nach dem Ausschöpfen aller anderen Möglichkeiten, Zuflucht zu gewähren. Ein klassischer Kaugummiparagraph, der feindlichen Bombengeschwadern die Liquidierung der ungeliebten jüdischen Mitbürger überließ. Denn wer wollte im Notfall schon sagen, daß die „anderen Möglichkeiten" wirklich ausgeschöpft seien? Lichtenberg machte in seiner trockenen Art die Rechnung auf: In unmittelbarer Lebensgefahr seien langwierige Erörterungen über die Sachlage wohl kaum möglich und der äußerste Notfall somit als gegeben anzusehen. „Es wird deshalb beantragt, die Verfügung ... aufzuheben. Lichtenberg, 23. 9. 40."

Es passierte ihm auch nichts, als er auf der Kanzel gegen die massenweise Vertreibung von Ordensleuten aus ihren Klöstern und gegen die Enteignung kirchlicher Gebäude protestierte. Die Gestapo hatte im Mai 1941 das „Christkönighaus", ein Priesterhospiz in der Petersburger Straße, im Juni die Gebäude der Kuratie St. Clemens und am 1. August das Priesterseminar St. Petrus in Berlin-Grünau beschlagnahmt.

Diese Aktionen sind im Rahmen des sogenannten „Klostersturms" zu sehen, bei dem damals im ganzen Reich mindestens 130 Klöster, aber auch andere kirchliche Gebäude enteignet und ihre Bewohner vertrieben wurden. Zur Begründung genügte meist „staatsfeindliche" Tätigkeit. Bei der Bevölkerung lösten die Übergriffe mancherorts derart erbitterte Proteste aus, daß Hitler persönlich den „Klostersturm" am 30. Juli stoppte – was die Gestapo nicht immer hinderte, weitere Enteignungen vorzunehmen, wie beim Berliner Priesterseminar zwei Tage später, und an den bereits erfolgten Beschlagnahmungen und Vertreibungen nichts änderte.

Lichtenberg hatte den Regens des Priesterseminars und den Direktor des Christkönighauses in sein Haus aufgenommen und auch zwei heimatlos gewordenen Ordensleuten Obdach gewährt. Seinen Protest in der Hedwigskathedrale trug er in der ihm eigenen originellen Weise vor. Auch dafür gibt es einen Augenzeugenbericht: „Es war an einem Sonntagvormittag. Die Kirche war gefüllt mit Menschen. Der Dompropst bestieg die

Kanzel und sagte hoch aufgerichtet mit weitreichender Stimme und markanter Betonung: ‚Ich habe bekanntzugeben, daß in dieser Woche die Gestapo das Priesterseminar beschlagnahmt hat. Ich habe die Herren gefragt, welche Gründe vorlägen. Man konnte mir keine Gründe nennen.‘ Dann verließ er die Kanzel, setzte sich an den auf dem Chor befindlichen Spieltisch zur Orgel und spielte mit vollen Registern das Lied ‚Du mein Schutzgeist, Gottes Engel, weiche, weiche nicht von mir‘ mit drei Strophen."

„Nach eineinhalb Stunden wurde die Gaskammer entlüftet"

Doch immer noch geschah dem hartnäckigen Provokateur nichts – obwohl doch die Gestapo eigens den Berliner Generalvikar Dr. Prange vorgeladen und ersucht hatte, seine Priester zur Mäßigung anzuhalten, man werde in Zukunft erheblich schärfer gegen unzuverlässige Bischöfe und Geistliche vorgehen.

Lichtenberg blieb auch dann noch unbehelligt, als er Bischof Galens berühmt gewordene Euthanasiepredigt in mehreren hundert Exemplaren vervielfältigen ließ, nachts im Luftschutzkeller, für sämtliche Pfarreien in Groß-Berlin und Umgebung, und als er in Briefen an die Reichskanzlei, die Ministerien und die Gestapo ebenfalls gegen die Vernichtung sogenannten „lebensunwerten" Lebens protestierte. Schließlich waren es die besonderen Lieblinge Gottes, die in den Jahren nach dem verhängnisvollen Führerbefehl vom Oktober 1939 zu Hunderten und Tausenden in die Gaskammern geschafft wurden, um die zum Götzen erhobene Rasse rein und das „Erbgut" gesund zu halten. Es waren die Debilen und Epileptiker, die Schizophrenen und schwer

Verhaltensgestörten – jene geringsten Brüder Christi, die nach Auskunft des Evangeliums sein Antlitz tragen und in denen sich die Begegnung zwischen Gott und Mensch vollzieht.

„Ein Geisteskranker kostet täglich etwa 4 Reichsmark, ein Krüppel 5,50 RM, ein Verbrecher 3,50 RM. In vielen Fällen hat ein Beamter täglich nur etwa 4 RM, ein Angestellter kaum 3,50 RM, ein ungelernter Arbeiter noch keine 2 RM auf den Kopf der Familie. a) Stelle diese Zahlen bildlich dar. – Nach vorsichtigen Schätzungen sind in Deutschland 300 000 Geisteskranke, Epileptiker usw. in Anstaltspflege; b) Was kosten diese jährlich insgesamt bei einem Satz von 4 RM? c) Wieviel Ehestandsdarlehen zu je 1000 RM könnten – unter Verzicht auf spätere Rückzahlung – von diesem Geld jährlich ausgegeben werden?"

Die perfide Propaganda, die sich solche Schulbuchaufgaben einfallen ließ, hatte schon lange vor der eigentlichen Euthanasieaktion der ersten Kriegsjahre Früchte getragen: Es war jenes „Gesetz zur Verhütung erbkranken Nachwuchses" vom 14. Juli 1933 gewesen, gegen das die Bischöfe einen – maßgeblich von Lichtenberg mit vorbereiteten – mannhaften Protest eingelegt hatten und das die Zwangssterilisierung von Schizophrenen, Epileptikern, Blinden, Alkoholikern vorsah.

Nun hatte Hitler am 1. September 1939 in einem Geheimbefehl verfügt, „daß nach menschlichem Ermessen unheilbar Kranken bei kritischster Beurteilung ihres Krankheitszustandes der Gnadentod gewährt werden kann". Die Aktion wurde, wie bei den Nazis üblich, mit bürokratischer Perfektion organisiert und lief wie am Schnürchen ab: Eine Ärztekommission erfaßte per Fragebogen in sämtlichen Heil- und Pflegeanstalten des Reiches das „auszusondernde" Menschenmaterial. Der Direktor von Eglfing-Haar in Bayern bearbeitete zum

Beispiel in nur drei Wochen mehr als 2000 solcher Meldebögen. Es ging vor allem darum, „nutzlose Esser" von den Arbeitsfähigen zu trennen. Aber nach den weitmaschigen Maßstäben der Nazi-Moral konnte für jeden renitenten und unangepaßten Zeitgenossen irgendein Grund gefunden werden, ihn in die Tötungsanstalten zu schicken: In Eglfing-Haar wurde ein Patient wegen Nötigung („küßte Mädchen ab") ins Gas abkommandiert, ein anderer wegen unberechtigten Tragens einer Parteiuniform, eine Kranke deshalb, weil sie sich „vor einem Führerbild auffällig benommen" hatte.

Dann kamen irgendwann die graugestrichenen Busse der „Gemeinnützigen Kranken-Transport GmbH", wie sich das Todeskommando frech nannte, in den Anstaltshof gefahren. Man sagte den Patienten, es gehe auf einen Ausflug. In der Tötungsanstalt angekommen, bekamen die Patienten einen Nummernstempel – korrekter deutscher Ordnungssinn bis zuletzt – bzw. eine spezielle Kennzeichnung, wenn sie Goldkronen im Mund hatten, die brach man später aus den Leichen heraus. Die Gaskammern waren als Duschräume getarnt. „Nach kurzer Zeit waren die Leute in der Gaskammer tot", berichtet ein Krematoriumsarbeiter. „Nach ca. eineinhalb Stunden wurde die Gaskammer entlüftet. Von diesem Zeitpunkt an begann für uns Heizer die Tätigkeit."

Die Meldebögen erschienen zunächst als harmlos-bürokratische Schikane, der Führerbefehl war geheim, für die Verlegungen fanden sich viele gute Gründe (Räumung der Anstalt für ein dringend benötigtes Lazarett, Unterbringung von Flüchtlingen, Umsiedlung deutschstämmiger Menschen aus den eroberten Ländern), und die Transporte wurden so verwirrend von Anstalt zu Anstalt dirigiert, daß sich irgendwann jede Spur verlor.

Doch bei aller Raffinesse der braunen Todeskommandos: Der Massenmord an den Geisteskranken, dem nach seriösen Schätzungen zwischen 70 000 und 100 000 Menschen zum Opfer fielen, konnte nicht geheim bleiben. Das zum Schweigen verpflichtete Anstaltspersonal hielt nicht immer dicht; die vollbesetzten Busse fielen auf; bei der vorfabrizierten Todesmeldung an die Angehörigen („... müssen wir Ihnen zu unserem Bedauern mitteilen, daß Ihr Sohn N. N. unerwartet infolge Lungenentzündung verstorben ist"), gab es Pannen, wenn etwa ein Patient einer „Blinddarmentzündung" erlag, dem dieses Organ schon vor zehn Jahren entfernt worden war, oder eine Familie versehentlich zwei Urnen erhielt, oder die Todesnachricht verschickt wurde, während die nichts ahnende Familie den Patienten gerade noch einmal besuchte.

Kirchenleute wie Lichtenberg oder der „Löwe von Münster", Bischof Galen, machten sich zu Sprechern der wachgewordenen Öffentlichkeit. „Hast du, habe ich nur so lange das Recht zu leben, solange wir produktiv sind?" donnerte Galen am 3. August 1941 von der Kanzel. „Wenn man den Grundsatz aufstellt und anwendet, daß man den ‚unproduktiven' Mitmenschen töten darf, dann wehe uns allen, wenn wir alt und altersschwach werden!"

Kircheninteressen und Menschheitsethos

Auf diese Predigt, die im In- und Ausland einen unbeschreiblichen Skandal verursachte, bezog sich Bernhard Lichtenberg ausdrücklich in einem Protestschreiben, das er vier Wochen später an den „Reichsärzteführer" der NSDAP, Dr. Leonardo Conti, schickte, einen ganz besonderen Mediziner. Als 18jähriger Student hatte er den stramm antisemitischen „Kampfbund für Deutsche

Kultur" mitbegründet, als 20jähriger am Kapp-Putsch teilgenommen, als 23jähriger war er der erste SA-Arzt in Berlin. Im Reichsinnenministerium leitete er später die Abteilung Gesundheitswesen.

Lichtenberg wird es sich lange überlegt haben, ob es einen Sinn hatte, einem Parteifunktionär wie Conti mit Vernunft und Menschlichkeit zu kommen. Dann wagte er den Versuch: Galens Behauptung, zahllose Geisteskranke würden vorsätzlich getötet, sei nicht mit einer Verleumdungsklage beantwortet worden, treffe also zu. Dazu passe, was er selbst erlebt habe.

Lichtenberg: „Vor kurzer Zeit war eine fassungslose Mutter in meinem Büro. Sie wollte meinen Rat und meine Hilfe in Anspruch nehmen. Sie hatte vor einer Woche aus einer Provinzial-Heil- und Pflegeanstalt die Nachricht bekommen, daß ihr 38jähriger Sohn an Lippenfurunkel und Hirnhautentzündung gestorben und verbrannt worden sei. Er befand sich in dieser Anstalt erst seit einer Woche. Er war aus einer anderen Anstalt dorthin transportiert worden, die nur eine Sammelstelle für die ‚zum Tode Verurteilten' war. Achtzehn Jahre hatte er in einer anderen Pflegeanstalt zugebracht, deren Arzt der Mutter vor einem Monat das Anerbieten gemacht hatte, ihren Sohn nach Hause zu beurlauben. Der Vater des Patienten hatte, sobald ihm seine Frau nach der Rückkehr von ihrem Krankenbesuch davon Mitteilung machte, durch einen eingeschriebenen Brief sein Einverständnis mit der Beurlaubung des Sohnes ausgesprochen; dieser Brief kam zu spät an. Der Sohn war schon nach der Sammelstelle transportiert worden, ein zweiter eingeschriebener Brief nach der Sammelstelle kam auch zu spät, der Sohn war schon zur ‚Hinrichtungsstelle' geführt worden. Die Mutter fuhr ihm nach, verlangte den Sohn, wie mit dem Arzt der ersten Pflegestelle verabredet worden war, zu wiederholten

Malen heraus. Der Arzt weigerte sich, ihn zu entlassen. Die Mutter fuhr zurück, der Vater verlangte durch eingeschriebenen Brief die sofortige Herausgabe des Sohnes. Als Antwort erhielt er wenige Tage darauf die Mitteilung seines Todes, die Asche könne zur Verfügung gestellt werden."

„Wieviel tausend oder ... zigtausendmal sich diese Fälle wiederholt haben", fährt Lichtenberg fort, „weiß Gott allein. Die Öffentlichkeit darf es nicht wissen, und die Angehörigen fürchten, wie auch in diesem Falle, für ihre Freiheit und ihr Leben, wenn sie öffentlich Einspruch erheben." Deshalb macht sich der Dompropst zu ihrem Sprecher, denn „auch auf meiner priesterlichen Seele liegt die Last der Mitwisserschaft an den Verbrechen gegen das Sittengesetz und das Staatsgesetz".

Er schreibt ausdrücklich „Verbrechen" und beruft sich, da ja die Zehn Gebote „öffentlich ignoriert" würden, auf Paragraph 211 des Reichsstrafgesetzbuches: „Wer vorsätzlich einen Menschen tötet, wird, wenn er die Tötung mit Überlegung ausgeführt hat, wegen Mordes mit dem Tode bestraft." Und, um sein eigenes Handeln zu rechtfertigen, führt er gleich noch Paragraph 139 an: „Wer von dem Vorhaben eines Verbrechens wider das Leben ... glaubhafte Kenntnis erhält und es unterläßt, der Behörde oder dem Bedrohten hiervon zur rechten Zeit Anzeige zu machen, wird ... bestraft."

Lichtenberg schließt mit einem Ansinnen, das jedem Parteigewaltigen ungeheuerlich erscheinen muß: „Auch wenn ich nur einer bin, so fordere ich doch von Ihnen, Herr Reichsärzteführer, als Mensch, Christ, Priester und Deutscher Rechenschaft für die Verbrechen, die auf Ihr Geheiß oder mit Ihrer Billigung geschehen und die des Herrn über Leben und Tod Rache über das deutsche Volk herausfordern."

Seine Pfarrschwester Stephana Ostendorf erinnert

sich, den Dompropst beim Diktat verzweifelt um Mäßigung gebeten zu haben: „Sie erreichen ja doch nichts und wandern noch ins Gefängnis!" Durchschläge des Briefes an Conti sollte sie nämlich auch noch an die Reichskanzlei, die zuständigen Ministerien und die Gestapo schicken. „Erregt sagte er darauf: ‚Dann gehe ich ins Gefängnis, Schwester! Wenn wir Priester schweigen, werden die Leute ja noch ganz irre!'"

Daß der Dompropst trotz seiner dreisten Formulierungen und trotz Himmlers nur einen Tag vorher unterzeichneten Geheimerlasses, „sämtliche hetzerischen Pfaffen" nun endlich in die Konzentrationslager zu stecken, immer noch nicht verhaftet wurde, liegt vielleicht an dem Rückzieher, den die Staatsführung nach Galens weltweit verbreiteter Predigt machte. Hitler stoppte das Mordprogramm; die sogenannte „wilde Euthanasie" ging freilich weiter, heimlich, mit Tabletten, Todesspritzen und Hungerrationen.

Eine Antwort hat Lichtenberg selbstverständlich nie erhalten. Für uns heute sind solche Vorstöße, mögen sie vordergründig erfolgreich gewesen sein wie die Galen-Predigt oder scheinbar folgenlos wie der Brief an Conti und das allabendliche Gebet für die Juden, kostbare Dokumente. Denn während sich die meisten Kirchenleute damals noch darauf beschränkten, die Verletzung kirchlicher Freiheiten zu rügen und den eigenen Besitzstand zu wahren, ließen sich Vordenker wie Galen und Lichtenberg, Bonhoeffer und Niemöller – das zeigen solche Texte – bereits die Verteidigung menschlicher Grundwerte angelegen sein.

Kirche nicht als Selbstzweck, Kirche als Hüterin des Naturrechts, ja eines Menschheitsethos, Seite an Seite mit Nichtkatholiken und Nichtchristen, „allen anständigen Menschen", wie Galen es einmal ausdrückte – das war neu und zukunftsweisend. Die Abwehrfront begann sich über die konfessionellen Grenzen hinaus zu öffnen. Leider blieb es eine kleine Minderheit, die zu solchem Engagement für Verfolgte über die eigenen Belange hinaus bereit war. „Trotz beispielhaften Verhaltens einzelner Personen und Gruppen", so bekannte 1975 die Gemeinsame Synode der deutschen Bistümer, sei man aufs Ganze gesehen eine kirchliche Gemeinschaft gewesen, „die zu sehr mit dem Rücken zum Schicksal dieses verfolgten jüdischen Volkes weiterlebte, deren Blick sich zu stark von der Bedrohung ihrer eigenen Institutionen fixieren ließ und die zu den an Juden und Judentum verübten Verbrechen geschwiegen hat." Die deutschen Bischöfe wiederholten dieses Eingeständnis zum 50. Jahrestag der Befreiung des KZs Auschwitz 1995 ausdrücklich an die Adresse des jüdischen Volkes.

„Lieber werden sie das Schafott besteigen ..."

Ein weiteres geharnischtes Protestschreiben blieb in der Schublade liegen; es war als Formulierungshilfe für den Vorsitzenden der Bischofskonferenz, Kardinal Bertram, gedacht, und fand beim vorsichtigen Kardinal wohl keine Verwendung. Schlimm genug, daß die Gestapo zwei Monate später bei Lichtenbergs Verhaftung den Entwurf fand und mitnahm.

Adressat dieses Protestes wäre der Reichsminister für kirchliche Angelegenheiten, Hanns Kerrl, gewesen. Er hatte im August 1941 eine von Kardinal Bertrams vielen Eingaben gegen die ständigen Konkordatsverletzungen – diesmal war es allerdings eine umfängliche Denkschrift namens der gesamten Bischofskonferenz gewesen – rüde zurückgewiesen: Die Bischöfe hätten sich lieber um den harten Kampf des deutschen Volkes gegen den „Feind der Menschheit" (womit der russische Bolschewismus gemeint war) kümmern und den Gläubigen „Siegeswillen und Siegeszuversicht" einflößen sollen.

Das war Lichtenberg denn doch zu dumm. Er erinnerte den „Herrn Reichsminister" in seinem Briefentwurf daran, daß die Bischöfe in Fragen von Glaube und Sittlichkeit „keinerlei Bevormundung" nötig hätten und daß es ihre Pflicht sei, eine Staatsgewalt in ihre Schranken zu weisen, „welche die von Gott gesetzten Machtgrenzen in verstiegenem Totalitätsanspruch nicht zum Schutze, sondern zum Schaden von Volk und Vaterland überschreitet".

Die zahlreichen Beschwerden der Bischöfe seien in den acht Jahren seit Abschluß des Reichskonkordats immer wieder ignoriert worden, statt dessen habe die Gestapo „mit skrupelloser Willkür" ihre „Versuche zur Vernichtung des Christentums" fortgesetzt – nach dem von Hitler in „Mein Kampf" propagierten Grundsatz, eine starke Idee wie das Christentum könne nur mit Zwang und Terror gebrochen werden.

Kerrl rufe die Bischöfe zum Kampf gegen den Feind der Religion auf, wiederholte Lichtenberg sarkastisch und erwiderte in schneidender Schärfe, dabei sei „dieser Staat selbst der fanatische und brutale Feind des Christentums. ... Nur tarnt er seine Feindschaft gegen das Christentum unter der heuchlerischen Maske eines ‚positiven Christentums', welches in Wahrheit positive Vergottung der Staatsgewalt ist und sich vom Bolschewismus nur unterscheidet durch feige Tarnung. Für diese diabolische Täuschung werden der Führer und die Minister des im 1. Jahrhundert stehenden 3. Reiches Bischöfe der bald 2000 Jahre bestehenden Kirche nicht gewinnen. Lieber werden sie Mann für Mann das Schafott besteigen, ehe sie ihr bischöfliches Gewand verbrämen mit einem verlogenen Patriotismus, der zum Untergang des deutschen Volkes und Vaterlandes führt." Hat er die tödliche Konfrontation gesucht? Lichtenbergs Ton wird in diesen letzten Äußerungen immer schärfer, seine Haltung immer kompromißloser.

Im Oktober 1941 fanden sämtliche Berliner in ihren Briefkästen ein anonymes Flugblatt mit dem Judenstern und der Aufforderung: „Wenn Du dieses Zeichen siehst, dann denke daran, was der Jude unserem Volke angetan hat ..." Juden seien verantwortlich gewesen für Inflation, Arbeitslosigkeit und „seelische Vergiftung" des Volkes durch ein verdorbenes Kulturleben. Nun aber, so das Flugblatt, hole das „Weltjudentum" in London, New York und Moskau zum letzten, entscheidenden Schlag aus: Deutschland solle vom Erdboden verschwinden. Dagegen setze jeder Soldat der Wehrmacht täglich sein Leben ein.

Das Flugblatt lag auf der Linie der gewohnten Propaganda; offensichtlich hatten nicht die Nazi-Führer der halben Welt, sondern irgendwelche jüdischen Weltverschwörer dem Deutschen Reich den Krieg erklärt. Perfide die Schlußfolgerung, daß jeder Jude als Angehöriger eines Volkes, „das uns den Tod geschworen hat", der Feind jedes anständigen Deutschen sei: „Dann erkennst Du auch, daß jeder Deutsche, der aus falscher Sentimentalität den Juden irgendwie unterstützt, und sei es auch nur durch ein freundliches Entgegenkommen, Verrat an seinem Volke übt."

Auch der Dompropst fand ein solches Hetzblatt in seiner Post. Für den kommenden Sonntag bereitete er eine unmißverständliche Kanzelverkündigung vor. Den Juden zu helfen, wollte er sagen (und in sämtlichen Gottesdiensten verlesen lassen), sei kein Verrat am Volk, sondern selbstverständliche Christenpflicht. Zitat aus seinem Entwurf: „Laßt Euch durch diese unchristliche Gesinnung nicht beirren, sondern handelt nach dem strengen Gebote Jesu Christi: ‚Du sollst deinen Nächsten lieben wie dich selbst‘.“

Das hätte ihm nun wirklich den Hals brechen können, denn später im Prozeß wurde der Text als schweres Vergehen gegen das sogenannte „Heimtückegesetz“ gewertet. Nach diesem 1934 erlassenen „Gesetz gegen heimtückische Angriffe auf Staat und Partei und zum Schutz der Parteiuniform“ war mit Gefängnis zu bestrafen, „wer vorsätzlich eine unwahre oder gröblich entstellte Behauptung tatsächlicher Art aufstellt oder verbreitet, die geeignet ist, das Wohl des Reichs oder das Ansehen der Reichsregierung oder das der Nationalsozialistischen Deutschen Arbeiterpartei oder ihrer Gliederungen schwer zu schädigen“, oder „wer öffentlich gehässige, hetzerische oder von niedriger Gesinnung zeugende Äußerungen über leitende Persönlichkeiten des Staates oder der NSDAP, über ihre Anordnung oder die von ihnen geschaffenen Einrichtungen macht, die geeignet sind, das Vertrauen des Volkes zur politischen Führung zu untergraben“. Am Schluß die freundliche Einladung an Denunzianten: „Den öffentlichen Äußerungen stehen nicht-öffentliche böswillige Äußerungen gleich, wenn der Täter damit rechnet oder damit rechnen muß, daß die Äußerung in die Öffentlichkeit dringen werde ...“

Denunziert von zwei jungen Mädchen

Doch zu der Kanzelverkündigung kam es nicht mehr. Zwei Studentinnen aus dem Rheinland waren zufällig Ohrenzeuginnen der gewohnten Fürbitte für die Juden geworden. Sie denunzierten den Priester.

„Den Anfang seines Gebetes habe ich nicht gehört", gab die eine zu Protokoll, „jedoch entsinne ich mich deutlich folgender Äußerung: ‚... lasset uns beten für die Juden und die armen Gefangenen in den Konzentrationslagern'. Über dieses Gebet war ich so entrüstet, daß ich nicht sagen kann, in welchem Zusammenhang das Wort ‚Bolschewisten' gefallen ist." Diese – später von Lichtenberg erstaunt bestrittene – angebliche Erwähnung der Bolschewisten war der Anlaß, daß die Anzeige von der Gestapo unter dem Stichwort „Bolschewistische Propaganda in der katholischen Kirche" aufgenommen wurde.

Schwer vorstellbar, daß Lichtenbergs tägliches öffentliches Abendgebet über drei Jahre hinweg den Spürhunden der Gestapo unbekannt gewesen sein soll. Merkwürdig ist auch, daß die Anzeige bereits am 4. September protokolliert, Lichtenberg aber erst sieben Wochen später, am 23. Oktober, in das Polizeipräsidium am Alexanderplatz vorgeladen wurde.

So oder so, nach der Denunziation mußte die Gestapo handeln. Zwei Beamte fuhren mit ihm nach der ersten Vernehmung im Präsidium zurück in sein Pfarrhaus, nahmen eine Haussuchung vor, fanden zwei Exemplare von Hitlers „Mein Kampf" mit den verräterischen Anmerkungen, den Briefentwurf an Reichsminister Kerrl und die für den nächsten Sonntag geplante Kanzelverkündigung gegen die judenfeindlichen Flugblätter.

Wie es weitergehen mußte, war klar: Lichtenberg wurde sofort festgenommen und in das Strafgefängnis Plötzensee verbracht (es war übrigens derselbe Tag, an dem das Reichssicherheitshauptamt verfügte, „daß die Auswanderung von Juden mit sofortiger Wirkung zu verhindern ist"). Er machte auch gleich Bekanntschaft mit der Lust am Erniedrigen des Gegners, die für Diktaturen typisch ist: Man zwang den 65jährigen Priester, seine Soutane auszuziehen, beschimpfte ihn als „Pfaffenschwein", machte sich im Auto über sein leises Beten lustig.

An den folgenden Tagen verhörte die Staatspolizei ihr prominentes Opfer insgesamt 13 Stunden lang. Die Vernehmungsprotokolle sind uns erhalten (und auszugsweise von H. G. Mann in einem leider vergriffenen wertvollen Dokumentenband publiziert worden). Lichtenberg äußerte sich glasklar, ohne zu lavieren und sein Verhalten zu verharmlosen.

Das im Pfarrhaus sichergestellte Material müssen die Beamten gierig verschlungen haben, denn schon zwei Tage nach der Verhaftung kommen sie auf seine Randnotizen in Hitlers Bekenntnisbuch „Mein Kampf" zu sprechen. Zu Hitlers Satz „Das Recht geht mit der Macht" hat er zum Beispiel ein provozierendes „Und ihr?" geschrieben. Was das denn solle?

„Gibt es denn eine Möglichkeit, gegen eine Verfügung der Geheimen Staatspolizei irgendein Rechtsmittel einzulegen?" antwortet Lichtenberg den Verhörspezialisten eben dieser Gestapo – eine skurrile Situation. „Mit dieser Randbemerkung wollte ich meine innere Überzeugung zum Ausdruck bringen, die in persönlichen Erfahrungen begründet ist, daß wir heute ofthin in einem Zustand der Willkür leben."

Sie kreiden ihm an, daß er in seinen Rotstiftnotizen an Hitlers Allwissenheit gezweifelt hat („Falsches Bild" oder „Woher weiß er das?"), daß er die von Hitler behauptete unbedingte Überlegenheit der Deutschen über andere Völker mit der Prophezeiung kommentierte „Das wird eine Prügelei werden"; vor allem aber wollen sie wissen, wie er denn zur Person des „Führers" stehe, den alle Volksgenossen gefälligst zu lieben und zu verehren haben.

Da müsse er sich „eine Unterteilung erlauben", antwortet der Angeschuldigte, der seinen Quälgeistern bei allem aufrechten Freimut nicht einfach auf den Leim geht: Selbstverständlich erkenne er Adolf Hitler als Reichsoberhaupt an, und seine Persönlichkeit sei ihm „genauso heilig wie jedes andere menschliche Wesen. Deshalb schließe ich Adolf Hitler auch in meine Morgengebete namentlich mit ein." Mit seinen Randbemerkungen habe er nicht die Person Hitlers kritisieren wollen, sondern seine „Gedankengänge, die mir nicht eingingen".

„Die Taten eines Menschen sind die Konsequenzen seiner Grundsätze", fährt Lichtenberg in seiner geraden Art fort. „Sind die Grundsätze falsch, werden die Taten nicht richtig sein. Das trifft selbst für Adolf Hitler zu." Der Kampf gegen das Kreuz in den Schulen, die „absichtliche Tötung angeblich lebensunwerten Lebens", die Judenverfolgung – alles Taten, die aus solchen falschen Grundsätzen entsprungen seien.

Ob ihm denn klar sei, wollen die vernehmenden Beamten wissen, daß aus solcher Kritik an staatlichen Maßnahmen von der Kanzel herab eine „Beunruhigung der Volksgemeinschaft" entstehen könne? O ja, erwidert der Dompropst, aber das sei nicht seine Schuld: „Diese Beunruhigung kann nur verhindert werden, indem man falsche Maßnahmen unterläßt."

Ob er damit die Rechte der Kirche nicht vor die des Staates stelle? Lichtenberg: Das Recht, zu lehren und sittliche Gebote zu geben, habe Christus der Herr nicht dem Staat übertragen, sondern der Kirche. Im übrigen müsse er eine Weltanschauung ablehnen, deren Grundlage ein Buch sei – nun zitiert er wieder „Mein Kampf", Hitlers Credo –, welches das Christentum als „geistigen Terror" bezeichne, der nur wieder durch Zwang und Terror gebrochen werden könne.

Den Staat als solchen erkenne er an; laut Paulus sei

die Obrigkeit ja Dienerin Gottes zum Guten. Wenn dieser Staat jedoch Verfügungen und Maßnahmen treffe, die sich gegen die geoffenbarte Lehre des Christentums und damit gegen sein priesterliches Gewissen richteten, „werde ich meinem Gewissen folgen und alle Konsequenzen mit in Kauf nehmen, die sich daraus für mich persönlich ergeben".

Allein für die folgenden Sätze sollten ihm Christen und Juden gemeinsam ein Denkmal errichten, denn mit solchen Sätzen hat er Menschenwürde und freies Denken mitten in der Hölle von Einschüchterung und Gesinnungsterror aufstrahlen lassen: Die Vertreibung der Juden mit all ihren Begleiterscheinungen lehne er ab, „weil sie gegen das Hauptgebot des Christentums gerichtet sind, ‚Du sollst deinen Nächsten lieben wie dich selbst', und ich erkenne auch im Juden meinen Nächsten, der eine unsterbliche, nach dem Bild und Gleichnis Gottes geschaffene Seele besitzt. Da ich aber diese Regierungsverfügung nicht hindern kann, war ich entschlossen, deportierte Juden und Judenchristen in die Verbannung zu begleiten, um ihnen dort als Seelsorger zu dienen. Ich benutze diese Gelegenheit, um die Geheime Staatspolizei zu bitten, mir diese Erlaubnis zu geben."

Spätestens zu diesem Zeitpunkt müssen sich die Vernehmungsbeamten wohl sicher gewesen sein: Wir haben es mit einem gefährlichen Verrückten zu tun.

„Jetzt kannste für die Juden beten!"

Doch Bernhard Lichtenberg ist völlig klar im Kopf, er analysiert die Situation exakt, wenn er einen endgültigen Vernichtungsfeldzug gegen Kirche und Christentum nach dem „Endsieg" voraussagt. Am Anfang habe man ja auch ein feierliches Konkordat abgeschlossen und dann kaum eine Bestimmung darin eingehalten. Wenn jetzt die Diskussion über Religion und Kirche zunächst einmal gestoppt worden sei, betrachte er das ebenfalls als taktisches Manöver für den Augenblick.

Er, der sich selbst mit all diesen Auskünften so bereitwillig ans Messer liefert, weigert sich standhaft, andere mit hineinzuziehen und etwa den Namen jenes Informanten preiszugeben, der ihm ein aufschlußreiches Schreiben des Reichsministers Goebbels an alle Reichs- und Gauleiter der NDSAP zugänglich gemacht hat (es war ein Mitglied der protestantischen Bekennenden Kirche): „Der Herr ist mir namentlich bekannt, ich verweigere aber die Angabe darüber, wer er der Persönlichkeit nach ist. Wenn in dem Lesen und in der Annahme dieses Schreibens von meiner Seite ein strafwürdiges Vergehen erkannt wird, will ich dafür selbst büßen."

In einer so lebensgefährlichen Situation ist Lichtenberg zu boshaftem Sarkasmus fähig: Wenn er in seinen Fürbitten auch für die Bolschewisten gebeten haben solle, bereite ihm das zwar kein Problem; „ich würde kein Bedenken tragen, in die täglichen Bitten auch eine für die Bolschewisten einzuschließen, damit sie von ihrem Wahnsinn geheilt werden". Dennoch müsse sich die Zeugin geirrt und eine Fürbitte für die bedrängten Christen in Rußland falsch interpretiert haben. Auch in der geistlichen Lesung könne der „Bolschewismus" nicht vorgekommen sein, „weil wir zur Zeit die Schrift des heiligen Augustinus über den Gottesstaat lesen und im vierten christlichen Jahrhundert dieser Ausdruck noch nicht üblich war".

Daß er jeden Abend mit seiner Gemeinde „für die schwerbedrängten nichtarischen Christen, für die Juden, für die Gefangenen in den Konzentrationslagern" betet, gibt er dagegen ohne Wenn und Aber zu. Genauso bete er „für die zum Unglauben, zur Verzweiflung und zum Selbstmord versuchten Menschen, für die Millionen namen- und staatenloser Flüchtlinge, für die kämpfenden, verwundeten und sterbenden Soldaten hüben und drüben, für die bombardierten Städte in Freundes- und Feindesland" – und für das Vaterland und die Führer des Volkes. Er gibt keine weitere Begründung oder Rechtfertigung; sehen sie denn nicht ein, daß es selbstverständlich ist, wenn ein Priester Christi für alle Menschen in Not betet, ohne nach dem Parteibuch oder der Abstammungsurkunde zu fragen?

Er bestätigt ihnen auch gern, daß er die Kanzelvermeldung gegen die Judenhetze tatsächlich am kommenden Sonntag verlesen wollte (später wird sich herausstellen, daß das Flugblatt auf Veranlassung der NS-Propagandaleitung, also des Goebbels-Ministeriums, herausgegeben und verbreitet worden ist, was Lichtenbergs Kritik zum Staatsverbrechen macht).

Im Schlußbericht der Gestapo vom 3. November wird es dann heißen, der Priester habe sich als „aktiver Gegner des Staates" entpuppt, „ der gewillt ist, seine Einstellung auch in Predigten von der Kanzel herab nicht zu verbergen". Man vergißt nicht zu erwähnen, daß er „Mein Kampf" durch „den Gedankengängen des Führers abträgliche Bemerkungen" angereichert hat. Lichtenbergs Wunsch, mit deportierten Juden in ein Lager zu gehen, kommt dagegen im Schlußprotokoll nicht vor – obwohl die Gestapo einmal selbst die Einrichtung einer solchen Lagerseelsorge im Getto Litzmannstadt (Lodz) zur Diskussion gestellt hatte.

Zwischen den Verhören immer wieder die erniedrigende Fahrt mit der „Grünen Minna" vom Gefängnis Plötzensee zum Alexanderplatz und wieder zurück. „Jetzt kannste für die Juden beten!" verhöhnen ihn herzlose Mitgefangene. „Nimm den Hut ab", herrscht ihn ein Wärter an, „wer gefangen ist, hat keine Würde mehr!"

„Keine menschliche?" fragt Lichtenberg erstaunt zurück. „Nein, wenn du wie ein Schwein für die Juden betest, nicht!"

Aber es gibt auch den Polen Paul Spikowski, mit dem der Dompropst im Gefängnis Freundschaft schließt; gleich am ersten Abend bittet er Lichtenberg, ihm die Beichte abzunehmen.

Was bedeutet es, in einer Gefängniszelle zu leben?

Nachdem die Gestapo erfahren hatte, was sie wissen wollte, wurde Lichtenberg dem Haftrichter vorgeführt, der nun einen förmlichen Haftbefehl erließ: Verdacht der Störung des öffentlichen Friedens und eines Verstoßes gegen das Heimtückegesetz. Am 3. November passierte er im Untersuchungsgefängnis Alt-Moabit ein. Fünf Tage später (als bereits die internationale Nachrichtenagentur „Associated Press" seine Inhaftierung meldete) wurde seine Haftbeschwerde zurückgewiesen; er habe in einem „hetzerischen" Gebet Kritik an staatlichen Maßnahmen geübt und den öffentlichen Frieden gestört, und nach seiner Entlassung sei anzunehmen, „daß er die Freiheit zur Wiederholung der Straftat mißbrauchen wird".

Es gelang Bischof Preysing auch nicht, mit Hilfe von ärztlichen Attesten eine Haftverschonung für den schwerkranken 65jährigen zu erwirken. Ein medizinisches Gutachten hatte den Patienten Lichtenberg ermahnt, sich bei seiner Herzmuskelschwäche und Koronarsklerose und wegen häufiger Herzkrampfanfälle „vor jeder Aufregung und Überanstrengung und Diät-

fehlern" zu hüten. Dazu kam sein chronisches Nieren-
leiden.

Der Berliner Generalstaatsanwalt ließ Bischof Preysing in dürren Worten mitteilen, er habe Lichtenberg
„auf Ihre Anregung hin" durch den Anstaltsarzt unter-
suchen lassen. „Die Untersuchung hat ergeben, daß gegen die Haftfähigkeit des Beschuldigten keine Bedenken bestehen."

Was bedeutet es, in einer Gefängniszelle zu leben? „Frei-
heitsentzug" heißt es heute noch im Juristendeutsch.
Eine Tür, die nur geöffnet wird, wenn ein Wärter oder
Richter das für richtig hält. Frische Luft, eine kleine Brise,
die wärmende Sonne oder ein paar Regentropfen höch-
stens eine Stunde täglich auf dem Gefängnishof. Ein
Tagesablauf, den man sich nicht selbst einteilen, eine Arbeit, die man nicht frei wählen, Zellengenossen, die man
sich nicht aussuchen kann.

Was bedeutet es, ein Gefangener zu sein? Das Bewußtsein, weniger Rechte zu haben als andere Menschen und
ziemlich wenig Würde. Tausend kleine Demütigungen
und der Zwang, um jede Selbstverständlichkeit vom
Arztbesuch bis zum Briefpapier per Rapportzettel bitten
zu müssen. Der Verlust von Freunden, die sich plötzlich
schämen, einen gekannt zu haben. Die quälende Ungewißheit, was kommen wird, die Angst vor einer Anklage, die man nur ahnt und noch nicht genau kennt, das
Ausgeliefertsein, die Einsicht, wie zwecklos alles Bemühen um Verteidigung sein wird.

Die Enge, der Gestank aus dem Abortkübel in der
Zellenecke, das schlechte, eintönige Essen. Die un-
durchdringliche Finsternis, wenn der Wärter draußen
das Zellenlicht ausschaltet. Die Gespenster der Verzweiflung ...

Ein Krankheitsbild wie bei Bernhard Lichtenberg

mußte den „Zellenkoller", der Häftlingen wie Anstalts-
ärzten vertraut ist, dramatisch verschärfen: Die als Angina pectoris bekannten Herzkrämpfe mit ihren anfalls-
weisen heftigen Schmerzen im Herz- und Brustbereich
führen zu entsetzlichen Beklemmungen, nicht selten zu
Todesangst. Lichtenbergs chronische Nierenvereiterung
hat diese Schmerzzustände wohl noch verstärkt.

Später, am Ende der Untersuchungshaft, äußerte der
seelisch und charakterlich so robust erscheinende Dom-
herr fast kleinlaut, er danke Gott, daß er in diesen sieben
Monaten nicht der Verzweiflung erlegen sei; denn es
gebe Stunden, in denen auch ein Priester versucht sei zu
verzweifeln. Damals wußte Lichtenberg noch nicht, was
ihm bevorstand, und bei allem Realismus hoffte er doch
noch auf einen Freispruch.

In den Nächten zermarterte er sich das Hirn mit der
Frage, ob das wirklich notwendig gewesen war, sich so
um Kopf und Kragen zu reden. Wem hatte er mit seinen
Protesten wirklich genützt? Zeugenschaft, gut und
schön, aber hätte er den Menschen nicht besser helfen
können, wäre er ein wenig leiser und diplomatischer
gewesen?

Andererseits, was wäre eine Kirche, in der die lebenswichtigen Worte nicht mehr ausgesprochen werden
dürfen, in der die Botschaft von der Freiheit des Gewissens, der Gleichheit aller Menschen und der Würde
auch des armseligsten Lebens nicht mehr verkündet
wird, weil sie Anstoß erregen und Nachteile mit sich
bringen könnte? Wäre es noch die Kirche des Provoka-
teurs aus Nazaret, der am Kreuz für diese Botschaft
starb? Oder bloß noch ein harmloser Verein, in dem sich
biedere Zeitgenossen hinter dicken Kirchenmauern um
eben dieses Kreuz versammeln, um mit mehr oder weniger schlechtem Gewissen unverbindliche Kultübun-
gen zu absolvieren, die keinen Menschen aufregen und

für keine noch so ungerechte Macht eine Bedrohung darstellen?

Wer hätte denn die Schicksalsgemeinschaft mit den Juden verkünden und die historische Wahrheit retten sollen, daß Jesus ein in Betlehem geborener, in Nazaret aufgewachsener und in Galiläa predigender jüdischer Wanderrabbi war und keine arische Lichtgestalt, wenn Leute wie Lichtenberg den Mund gehalten hätten?

Wer hätte denn das Lebensrecht der Behinderten und Geistesschwachen, der Debilen und Kriegskrüppel gegen den anmaßenden Wahn der Herrenmenschen von der reinzuhaltenden Rasse und gegen unmenschliche volkswirtschaftliche Kosten-Nutzen-Rechnungen verteidigen sollen, wenn nicht solche Priester mit intelligenten Köpfen und leidenschaftlichen Herzen?

Wer hätte denn für die Würde und Ehre der zu vaterlandslosen Gesellen erklärten Katholiken kämpfen sollen, wenn nicht romtreue Patrioten wie Lichtenberg?

6

„Mit einer Gesinnungsänderung des Angeklagten ist nicht zu rechnen" –

Mönchsleben in der Gefängniszelle

*„Ich will noch lange leben, denn ich lebe gerne!
Dieses verfluchte Leben ist doch schön"*
BERNHARD LICHTENBERG 1943

Sieben Monate im Untersuchungsgefängnis Alt-Moabit: Schikanen, Hohn und Spott, Phasen bitterer Verzweiflung – und ein rapider körperlicher Verfall. In nicht einmal drei Monaten magerte der 65jährige um 66 Pfund ab. Am 9. Dezember, vier Wochen nach der Ankunft in Moabit, mußte Lichtenberg in das Lazarett der Haftanstalt verlegt werden, wo er bis zur Überstellung nach Berlin-Tegel infolge seiner Verurteilung am 29. Mai 1942 zur stationären Behandlung blieb. Im Februar ist in den Gefängnisakten ein schwerer Herzanfall registriert.

Und trotzdem schaffte er es, seinen Humor zu behalten. Er übersetzte exakt 146 Hymnen aus dem römischen Brevier („eine unerschöpfliche Trostquelle"), skizzierte 153 entsprechende Predigtentwürfe und freute sich, endlich komme er einmal dazu, ungestört zu studieren. Kurz vor der Hauptverhandlung war seine größte Sorge in einem Brief an die treue Pfarrschwester Stephana: „Wenn ich verurteilt werde, brauche ich neues Schreibmaterial."

Seinen mit der Feder weniger gewandten Mitgefangenen half er beim Schreiben von Anträgen. In den Briefen an Schwester Stephana stellte er die eigenen Nöte hintan; er sorgt sich um andere und gibt detaillierte Anweisungen, wo geholfen werden muß und was mit seinem Gehalt geschehen soll.

„Ehrwürdige Schwester Oberin, liebe Dompropstei!" So beginnt ein Brief vom 11. Februar 1942 an Stephana Ostendorf, der er zunächst die „Kinderlandverschickung" irgendwelcher Großneffen oder -nichten ans Herz legt: „In welchem Krankenhaus liegt denn die Mutter? Für die Kosten der Verschickung komme ich gern auf. Viele Grüße an die Kranken und Walter, der doch wohl seine monatliche Unterstützung bekommt? In welchem Krankenhaus ist denn mein lieber Zellenkamerad aus Plötzensee?"

Er sei sehr froh, „daß zu Hause alles in den besten Händen liegt und daß die zwei Exulanten bei uns wohnen und von Ihnen gut gepflegt werden" (er meint den Regens des beschlagnahmten Priesterseminars und einen ebenfalls vertriebenen Ordensmann). „Sie haben Vollmacht, über mein Geld zu verfügen. Geben Sie fleißig Almosen! Meine Brüder wollten mich besuchen kommen. Geben Sie jedem 50,– M Reisegeld. Bitte auch des Caritas-Beitrages zu gedenken. ... Fremde Geistliche bewirten! Auch stellvertretende Prediger, und ohne Unterlaß beten, bisweilen auch für den nichtswürdigen Gefangenen in Christo Bernhard Lichtenberg."

„Ostereier sind nicht zulässig"

Mehrfach taucht sein „lieber treuer Kamerad" Paul Spikowski in diesen Briefen auf, der polnische Zellengenosse aus Plötzensee. „Er ist vertrauenswürdig, aber

bitterarm", wird Schwester Stephana instruiert. „Es
wäre mir sehr lieb, wenn er neu eingekleidet würde auf
Kosten der Pfarrkasse. Besonders notwendig wären Un-
terjacke, Mantel und Schuhe." Stephana hat den schwer
Tuberkulosekranken, der vor Lichtenberg entlassen
wurde, in der Folgezeit liebevoll betreut und ihm, als er
später ins KZ Sachsenhausen eingeliefert wurde, Päck-
chen gesandt. Nur den letzten Liebesdienst hat man ihr
verwehrt: Sie wollte die Urne des in Sachsenhausen umgekommenen Spikowski seiner Schwester schicken,
mußte aber erfahren, daß die Aushändigung der Urnen
polnischer Häftlinge nicht vorgesehen sei. Polen galten
der Herrenrasse als Untermenschen, und was war die
Asche einer solchen Kreatur schon wert?

Seelsorger aus Leidenschaft ist Bernhard Lichtenberg
auch in der Gefängniszelle geblieben. Dabei hat er genug eigene Probleme: Wochenlang kämpft er um die
kleine Armbadewanne, mit der er seit seinen Wörisho-
fener Kneipp-Kuren die Auswirkungen der Angina
pectoris behandelt (die Herzkrämpfe und Brustschmer-
zen strahlen dabei bekanntlich oft auf den Arm aus).
Vergeblich.

Bischof Preysing hat bei der Staatsanwaltschaft um
Erlaubnis gebeten, daß Lichtenberg die tägliche Messe
in seiner Lazarettzelle zelebrieren darf; „alle dazu nöti-
gen Gegenstände würden im Gewährungsfalle von der
Domküsterei von St. Hedwig geliefert werden". Ebenso
vergeblich. Der Generalstaatsanwalt höchstpersönlich
schmettert das Gesuch ab und erklärt in einer Aktenno-
tiz für den Herrn Reichsjustizminister, eine Meßfeier in
der Zelle sei „mit den Erfordernissen der Ordnung im
Gefängnis nicht zu vereinbaren".

Da kann dem Gefangenen auch sein Schutzgeist
draußen nicht helfen, die gute Schwester Stephana, die
klug und umtriebig für hundert Kleinigkeiten sorgt,

wichtige Kontakte vermittelt und so banale, aber lebenswichtige Hilfsaktionen organisiert wie das Stopfen von Lichtenbergs reparaturbedürftigen Wollstrümpfen. Kurz vor Ostern 1942 ringt sie sich einen ehrerbietigen Brief an den Vorstand des Gefängnislazaretts ab: „Im Hinblick auf das kommende Osterfest bitte ich Sie, sehr geehrter Herr Vorsteher, ganz ergebenst, gütigst zu gestatten, für den H. Herrn Dompropst Bernhard Lichtenberg ... eine kleine hölzerne religiöse Madonnenstatue und vielleicht zwei Ostereier abgeben zu dürfen; um demselben eine kleine Osterfreude zu machen. Sollte die Abgabe von Lebensmitteln grundsätzlich auch ausnahmsweise nicht gestattet sein, so wäre ich Ihnen sehr dankbar, wenn Sie dann wenigstens die Aushändigung der Madonnenfigur an den Vorgenannten genehmigen würden. Mit verbindlichstem Dank für Ihre Bemühungen und besten Wünschen für das Osterfest verbleibt mit Deutschem Gruß Ihre ergebene Schwester M. Stephana Ostendorf."

Die Gefängnisleitung heftet das erschütternde Schreiben mit dem Vermerk ab: „Die Abgabe einer Madonnenstatue und von Ostereiern muß abgelehnt werden, da nicht zulässig."

Auch der andere, nur scheinbar mächtigere Schutzengel kann wenig tun, sein Bischof Graf Preysing, der ihn in Moabit und später in der Strafhaft in Berlin-Tegel fünfmal besucht, der sich vergeblich um Haftverschonung und dann um Zusatzkost für den stark abgemagerten Kranken bemüht. Es gelingt ihm zumindest, die furchtbare Isolation des Häftlings zu durchbrechen, indem er ihn der Solidarität seiner Amtsbrüder und des Heiligen Stuhls versichert – und beweist, daß er seine Haltung teilt:

Im November 1942, wenige Tage nach einem Besuch im Tegeler Gefängnis, stellt Preysing auf der Kanzel von

St. Hedwig klar, die Liebe der Christen dürfe niemanden ausschließen, „schon gar nicht deshalb, weil er vielleicht eine andere Sprache spricht oder fremden Blutes ist. ... Nie ist es erlaubt, Angehörigen fremder Rassen die menschlichen Rechte zu nehmen, das Recht auf Freiheit, das Recht auf Eigentum, das Recht auf eine unlösliche Ehe; nie ist es erlaubt, gegen irgendeinen solche Grausamkeiten zu verüben!"

Auch der Päpstliche Nuntius Cesare Orsenigo, der im kirchlichen Widerstand gegen das Nazi-Regime nicht gerade eine tragende Rolle spielte, nahm sich des Falles Lichtenberg an: Man möge angesichts seines Gesundheitszustandes doch auf eine Beschleunigung des Gerichtsverfahrens hinwirken, ließ er im März 1942 den damaligen Staatssekretär im Auswärtigen Amt, Ernst Freiherr von Weizsäcker, wissen.

Doch da braute sich das Unheil über dem Häftling bereits immer finsterer zusammen. Der Generalstaatsanwalt beim Berliner Kammergericht hatte dem Reichsjustizminister mitgeteilt, er werde Anklage wegen Verstoßes gegen Kanzelparagraph und Heimtückegesetz erheben, und bereits auf die strafverschärfende Tatsache hingewiesen, daß das von Lichtenberg kritisierte Flugblatt vermutlich von der Propagandaleitung der NSDAP initiiert worden sei: „Sollte die Annahme durch die polizeilichen Ermittlungen bestätigt werden, so würde sich die Äußerung des Beschuldigten in seiner Vermeldung gegen leitende Persönlichkeiten des Staates oder der Partei bzw. gegen ihre Anordnungen richten ..."

Nun machte man dem Dompropst auch seine zunächst mit Nichtachtung gestrafte Bereitschaft zum Vorwurf, deportierte getaufte Juden als Seelsorger zu begleiten; „sogar so weit" habe er gehen wollen, hielt der Generalstaatsanwalt in fassungslosem Entsetzen fest.

„Bei seinem Alter und Fanatismus ..."

Am 22. Mai 1942 steht Bernhard Lichtenberg vor seinen Richtern. Angeklagt ist er wegen „Kanzelmißbrauchs" und eines Vergehens wider das „Gesetz gegen heimtückische Angriffe gegen Staat und Partei". Ein politischer Prozeß also, der sich auf politische Ausnahmegesetze stützt und folgerichtig von einem „Sondergericht" unter Ausschluß der Öffentlichkeit geführt wird.

Doch über Lichtenberg verhandeln noch keine fanatischen Blutrichter, wie wir sie später in Freislers Volksgerichtshof antreffen. Es sind typische Mitläufer, bemüht, die Erwartungen der übergeordneten Behörden nicht zu enttäuschen und dem Angeklagten mit einem Rest von Fairneß dennoch die eine oder andere Brücke zu bauen – nicht zu viele, denn ein Freispruch bedeutet nicht selten das Todesurteil für so einen „Volksschädling", den draußen vor dem Gerichtsgebäude dann gleich die Gestapo in Empfang nimmt, um ihn der „Schutzhaft" in einem KZ zuzuführen. Das ist oft genug geschehen; für die Schutzhaft brauchte man weder eine richterliche Anordnung, noch gab es ein Rechtsmittel dagegen.

Daß sich dieses Sondergericht I beim Landgericht Berlin noch ein Quentchen Würde und Unabhängigkeit bewahrt hat, wird an der Behandlung der beiden Denunziantinnen deutlich: Die Leiterin des „Hilfswerks", Margarete Sommer, Pfarrschwester Stephana und eine Frau Kellermann vom Caritasverband haben sich zusammen mit zwei Priestern eine Ausnahmegenehmigung erkämpft, am Prozeß teilnehmen zu dürfen. Sie berichten, die beiden blutjungen Studentinnen „von etwa 18, 19 Jahren" seien „in lässiger Haltung, in jeder Bewegung anmaßend" in der ersten Zuhörerbank gesessen, hätten aber sofort nach Feststellung ihrer Personalien den Raum verlassen müssen. „Uns allen fiel ... auf, daß in der Art, wie der Präsident die Zeuginnen aufrief und ansprach, eine deutlich spürbare Nichtachtung zu erkennen war." Stundenlang hätten die beiden draußen auf dem Gang gewartet, seien aber nicht wieder in den Verhandlungsraum gerufen und an ihren Versuchen, dennoch einzutreten, von einem beherzten Wachtmeister gehindert worden, „da er diesen beiden das Erlebnis ihres Triumphes nicht hätte gönnen wollen und dem Herrn Dompropst wenigstens diese Kränkung ersparen wollte". Ein kleiner Justizwachtmeister konnte 1942 mehr Mut beweisen als so mancher Staatsanwalt in der ganzen gestelzten Würde seines Amtes.

Der 66jährige Lichtenberg stand nach der Schilderung der drei Frauen mit souveränem Ausdruck in der Anklagebank, „im Abbé-Rock, bleich, aber in aufrechter, würdevoller Haltung, ohne irgendein Anzeichen von Nervosität oder Bangigkeit, fremd wirkten in seinem Antlitz zwei ungewöhnlich scharfe Furchen, die sich zu den Mundwinkeln herabzogen ... Während der Antworten stand er aufrecht in der Anklagebank, die Hand auf die Brüstung gestützt, die er in Momenten starker Erregung fest umklammerte."

Warum er denn ausgerechnet für die Juden gebetet habe, wollten die Richter wissen; der Staatsanwalt habe sie doch gerade als ein verfluchtes Volk charakterisiert, das Christus gekreuzigt habe. „Er gab verschiedene Gründe an", erinnert sich Schwester Stephana. „Der letzte klingt mir noch wörtlich im Ohr: ‚... und weil Jesus Christus, Gott hochgelobt in Ewigkeit, dem Fleische nach aus diesem Volk hervorgegangen ist'. Das sagte er mit starker, überzeugender Stimme."

Auslösendes Motiv sei aber die Erfahrung der Reichskristallnacht gewesen, als er die demolierten Schaufenster sah und die brennende Synagoge: „Als ich diese

Zerstörung erlebte, bei der die Polizei untätig zusah, war ich empört über diesen Vandalismus, und ich fragte mich, was kann da noch helfen, wo so etwas möglich ist in einem geordneten Staat? Und ich sagte mir, da kann nur noch eines helfen, das Gebet."

Gegen die mannhafte Rede seines Verteidigers Dr. Stenig – Lichtenberg habe immer aus seiner innersten Überzeugung heraus gehandelt, und die müsse man achten, selbst wenn sie sich nicht mit der Anschauung des Staates gedeckt habe – stand die beinharte Forderung des Anklagevertreters, ein Exempel zu statuieren. Bernhard Lichtenbergs Replik an die Ankläger ist klassisch: „Herr Staatsanwalt, was Sie da über Gesetz und Paragraphen und dergleichen gesagt haben, verstehe ich nicht ganz, und es interessiert mich auch nicht. Aber für eins möchte ich Ihnen danken: Als Begründung dafür, daß keine mildernden Umstände gewährt werden können, haben Sie angegeben, mit einer Gesinnungsänderung des Angeklagten sei nicht zu rechnen. Dafür danke ich Ihnen!"

Und in seinem Schlußwort ließ er noch einmal seinen ganzen Sarkasmus spielen. Er sagte nur einen Satz: „Ich gebe der Überzeugung Ausdruck, daß der Staat durch einen für die Juden betenden Bürger keinen Schaden erleide."

Das Urteil fiel wie erwartet aus: zwei Jahre Gefängnis wegen Kanzelmißbrauchs und Vergehen gegen das Heimtückegesetz. Lichtenberg stelle eine Gefahr für die öffentliche Sicherheit dar, denn: „Bei seinem Alter und dem Fanatismus, mit dem er für seine Ansichten eintritt, ist nicht zu erwarten, daß er noch eines Besseren belehrt werden kann."

Gegen ein Urteil des Sondergerichts gibt es ebensowenig ein Rechtsmittel wie gegen die Schutzhaftverfügungen. Lichtenberg bereitet sich auf die Verlegung in die

Strafhaft vor. Er hoffe seine Bücher mitnehmen zu können, um an den Hymnenübersetzungen und Predigtentwürfen weiterarbeiten zu können, teilt er Bischof Preysing mit und bittet um Schreibmaterial: „Eine große Flasche Tinte, Füllfederhalter-Tinte, Reserve-Federn und leere Schreibhefte sind sehr, sehr erwünscht."

Der Kleistertopf des heiligen Josef

Eine Woche nach der Urteilsverkündung wird Lichtenberg in das Strafgefängnis Tegel gebracht, wo er wieder im Lazarett landet, diesmal allerdings nur für drei Wochen. Der Gefangene 717/II muß sich dem üblichen Zugangsgespräch unterziehen – und gibt merkwürdige Antworten: „Besonders starke Leidenschaften?" wird er gefragt. Seine Erwiderung: „Ich bemühe mich täglich, gegen Ehrsucht, Habsucht und Genußsucht anzukämpfen."

„Was gedenken Sie nach der Entlassung zu tun?" – „Ich gedenke, Gottes Willen zu erfüllen und meinem priesterlichen Beruf bis zum letzten Atemzuge treu zu bleiben."

„Eigenwilliger, unbelehrbarer Mann", schreibt der zuständige Beamte verwirrt in seine Akte. „Steht im 67. Lebensjahr. Verbrauchter Mensch. Nicht vorbestraft. Sitzt wegen Heimtücke."

Und dann später wieder ein Beamtenvermerk, nachdenklich, fast mitleidig: „Gibt zu, öffentlich für die Juden gebetet zu haben. Traurig, er hat den Zug der Zeit nicht erfaßt und hat vorbeigelebt. Hat bewußt gehandelt."

Die Schikanen, denen schon der Untersuchungshäftling Lichtenberg ausgesetzt war, werden in der Strafhaft natürlich nicht weniger. Er bekommt weder seine Armbadewanne („nicht erforderlich", hat der Anstaltsarzt entschieden) noch einen Füllfederhalter noch den beschlagnahmten Rosenkranz. Die Begründung ist dieselbe wie in allen menschenfeindlichen Bürokratien dieser Welt: Die Erfüllung solcher privaten Wünsche würde die Anstaltsordnung gefährden.

Doch Lichtenberg ist nicht der Mann, der sich von derart kleinlichen Manövern beugen oder gar brechen ließe. Er stellt sich einfach vor, er sei ein Kartäusermönch in seiner spartanischen Zelle, und schon erhält die stumpfsinnige Knastarbeit einen geheimnisvollen Sinn: Jetzt habe er noch „das zweite Noviziatsjahr durchzumachen", teilt er seinem Bischof Graf Preysing frohgemut mit. „Frühmorgens helfe ich U. L. F. [Unserer Lieben Frau] beim Aufräumen, dann dem hl. Josef in der Werkstatt. Links von mir steht der Kleistertopf, rechts 1150 wohl sortierte und geklebte Kuverts."

Außer sich vor Glück ist er, als ihm schließlich doch wieder erlaubt wird, theologisch zu arbeiten, und er ruft nach Schreibmaterial wie ein Verdurstender nach Wasser. Es müsse aber eine große Flasche Tinte sein, berichtet Schwester Stephana dem Bischof, „nicht etwa, wie er scherzhaft hinzufügte, weil er hier die Tinte trinken würde, sondern weil sie für 16 Monate reichen müsse" (die Untersuchungshaft ist ihm ja angerechnet worden, also hat er in Tegel insgesamt 17 Monate zu verbüßen).

„Nur ganz gutes Papier" soll Schwester Stephana bei den Schreibheften wählen, das ist ihm enorm wichtig, „damit die Tinte nicht verläuft". Und eine Kirchengeschichte aus dem Bücherschrank im Pfarrhaus will er haben und die Taschenausgabe des kirchlichen Gesetzbuches ... „und außerdem drei der dünnen Broschüren der Linguaphone für italienische Sprachstudien". Das Umschlagkleben gehe doch viel besser voran, wenn man zwischendurch einen Kanon des Kirchengesetzes meditieren oder etwas Italienisch üben könne …

Am 3. Dezember 1942, seinem 67. Geburtstag, jubelt er förmlich im Brief an seine Pfarrschwester, die er „Ehrwürdige Schwester Oberin" tituliert: „Ich schreibe zum ersten Mal mit dem Tintenkuli, auch das will erlernt sein; ebenso brachte mir der erste Herr Hauptwachtmeister Tinte, Löschblätter, Bleistift, Kuli und Radiergummi. Wie reich bin ich beim Eintritt ins 68. Lebensjahr beschenkt worden. Der liebe Gott ist immer aufmerksam und Schwester Oberin ahmt ihm nach …"

Doch der um heitere Gelassenheit bemühte Stil täuscht: Der Häftling Lichtenberg wurde immer kränker. Herzanfälle, Nierenschmerzen, Harnvergiftung, Augenbeschwerden, quälender Hunger. Gefängnisbibliothekar in Tegel war damals der protestantische Superintendent Albertz, der zur Leitung der Bekennenden Kirche gehörte und dem katholischen Amtsbruder große Hochachtung entgegenbrachte. Er erinnert sich: „Die Gefangenen, die sonst ziemlich rauh und hart zu urteilen pflegten, waren alle bewegt von der Unmenschlichkeit der Justiz, daß sie einen solchen kranken Mann überhaupt ins Gefängnis eingeliefert hatten."

Eine Mohrrübe für zwei Tage

Kritische Beobachter meinen heute, man habe dem schwer herz- und nierengeschädigten 67jährigen die notwendige medizinische Hilfe ebenso wie jede Diät bewußt verweigert und ihn immer wieder für haftfähig erklärt, um das „Problem Lichtenberg" auf einfache Weise zu lösen. Dem heutigen Leser krampft sich das Herz zusammen, wenn ein Freund Lichtenbergs, Domkapitular Dr. Georg Banasch, von einem Besuch im Gefängnis Anfang März 1943 berichtet:

„Lichtenberg wurde in Sträflingskleidung durch einen Wärter in das Besuchszimmer geführt. Er sah elend aus. Beim Eintritt sprach er: ‚Gelobt sei Jesus Christus!' Ich fragte ihn dann in Gegenwart des Inspektors, wie eigentlich die Beköstigung in diesem Gefängnis sei. Der Inspektor selbst sagte: ‚Ja, die Gefangenen bekommen das, was ihnen zusteht, nämlich die kleinste Ration nach den Lebensmittelkarten.' Lichtenberg klagte gar nicht. Er schien damit zufrieden zu sein. In dieser Unterhaltung aber wurde er auf einmal lebendig und frisch und sagte: ‚Aber du, vorgestern, da habe ich eine Riesenfreude gehabt.' Ich fragte: ‚Was ist denn eigentlich geschehen?' Er sagte: ‚Ich habe in der Mülltonne eine Mohrrübe gefunden, und die hat aber geschmeckt … Und die habe ich mir auf zwei Tage eingeteilt.'"

Wenige Wochen vor diesem Gespräch hatte der gefangene Dompropst Zusatzkost beantragt – mit der Begründung, er habe in der Haft vom 23. Oktober 1941 bis zum 11. Januar 1943 exakt 66 Pfund abgenommen. Der Anstaltsarzt prüfte das Gesuch – und verfügte tatsächlich: „L. erhält Kartoffelbrei-Zulage." Worauf der Häftling im Lauf des folgenden Monats um ganze zwei Pfund zunahm. Ach, man müsse ja nicht immer satt werden, soll er einem Besucher gesagt haben, das mache nur faul.

Zum Glück war er nicht immer so heroisch; einen Monat nach dem ersten Antrag bat er den Arzt erneut um Zusatzverpflegung – diesmal mit einer Kostprobe seiner geliebten Knittelverse, um den Mediziner möglichst gnädig zu stimmen (Pater Ogiermann hat das von Galgenhumor getränkte Gedicht überliefert):

„Der Arzt verschrieb mir eins – zwei – drei
für einen Monat Kartoffelbrei.
Die Waage prüft heut, was ich gewonnen:
Ein Kilo hab' ich zugenommen!
Doch fehlt mir zum Normalgewicht
ein Viertelzentner – genügt das nicht?
Ich bin noch zu jung fürs alte Eisen,
ich möchte noch gern in die Freiheit reisen.
Und noch im Berliner Steinbruch schuften
und nicht sang- und klanglos plötzlich verduften.
Doch dazu gehört auch physische Kraft –
vielleicht, daß der Kartoffelbrei es schafft.
Drum, liebes Gefängnis, laß dich erweichen,
meines Vaters Alter möcht ich erreichen
    [er war 90 geworden],
ich bin kein Riese, wenn auch kein Zwerg,
herzlich bittet der Dompropst Lichtenberg."

Sechs Tage darauf bekam der Anstaltsarzt die Mitteilung, der Priester sei „sehr heruntergekommen" und in
der Zelle ohnmächtig umgefallen. Entnervt verordnete
der Mediziner erneut für vier Wochen Kartoffelbrei,
wies den Todkranken wieder in das Lazarett ein (wo er
rund fünf Wochen blieb) und ließ die Verwandten, wie
es Vorschrift war, vom ernsten Gesundheitszustand des
Patienten unterrichten. Mehr wollte er nicht tun; als Bischof Preysing sofort nach Erhalt der Mitteilung anbot,
seinem Priester zusätzlich Lebensmittel zu schicken,
holte er sich bei der Gefängnisleitung ein brüskes Nein.

Begegnung mit dem Todesengel

Und immer noch sorgt sich der sterbenskranke alte
Mann um die Verfolgten und Drangsalierten draußen,

leidet ihre Angst und Not mit, plant umsichtig, was mit seinem Geld geschehen soll und wen man in seinem Arbeits- und Schlafzimmer einquartieren kann. Er weint, als man ihm berichtet, Brandbomben hätten die Hedwigskathedrale in einen Schutthaufen verwandelt. Entsetzt hört er vom Tod aufrechter Kollegen wie des Rathenower Pfarrers August Froehlich, der die üble Behandlung polnischer Zwangsarbeiter kritisiert hat und deshalb nach Buchenwald, Ravensbrück, schließlich Dachau verschleppt worden ist.

Aber er freut sich auch über die wenigen Beispiele erfolgreichen Widerstands: Als die Gestapo am 27. Februar in Berlin auf einen Schlag 6000 „nichtarische" Männer aus christlich-jüdischen Mischehen verhaftet, laufen ihnen die arischen Ehefrauen nach, veranstalten am Sammelplatz einen gewaltigen Aufruhr, fordern ihre Männer zurück – bis die Staatsgewalt nachgibt und die Verhafteten freiläßt! Man berichtet ihm auch von den Berliner Christen – meist sind es Arbeiter, oft ohne besondere Kirchenbindung –, die jüdische Nachbarn und Bekannte bei sich versteckt haben, ganz selbstverständlich, ohne große Worte zu machen. So etwas imponiert dem Dompropst.

Verschmitzt liebenswürdig, manchmal fast zärtlich lesen sich seine kostbaren Briefe (als Strafgefangener darf er pro Monat nur einen einzigen schreiben und bekommen) an Schwester Stephana. Irgendwie ist es ihr doch gelungen, die zuerst strikt verbotene kleine Marienfigur nach Tegel zu bringen, zumindest über die Weihnachtstage 1942. Sie hat ein Gedicht beigelegt mit der Ermunterung, ihr verehrter Hausherr solle der Madonna alles erzählen, was er auf dem Herzen habe.

Natürlich revanchiert er sich mit seinen berühmten Knittelversen, obwohl er den Pegasus nur „in Pantoffeln" reiten könne. Sein Poem (H.G. Mann hat es in

Schwester Stephanas Erinnerungen gefunden und in seiner Dokumentensammlung abgedruckt) endet mit den Zeilen:

„Ich will nichts andres haben,
als was mein Heiland will.
Drum hält der Strafgefangene
bis an das Ende still.
Und was der Heiland will,
das steht schon lange fest:
Apokalypse zwei,
vom zehnten Vers den Rest!
Salve: Bernhard Lichtenberg."

„Sei treu bis in den Tod", lautet die so geheimnisvoll zitierte Bibelstelle, „dann werde ich dir den Kranz des Lebens geben."

Lichtenbeg sieht in diesen Wochen mehrmals dem Todesengel ins Gesicht. Im Juli 1943 hat Dr. Margarete Sommer vom „Hilfswerk" ihren einstigen Chef in Tegel besucht; nicht der bescheidene Priester, sondern der das Gespräch überwachende Inspektor erwähnt den jüngsten schlimmen Herzanfall und bemerkt mit süßsaurem Lächeln, der Herr Prälat habe in der vergangenen Nacht das Gefängnis in Aufruhr versetzt.

„Jawohl, das stimmt", entgegnet Lichtenberg. „Aber, Herr Inspektor, was ich die Nacht durchgemacht habe, das kann nur der verstehen und nacherleben, der es selbst einmal durchgemacht hat. Ich hatte einen schweren Herzanfall und ... glaubte, sterben zu müssen. Ja, da kann man ein langes Leben hindurch sagen, man sei bereit zu sterben, wenn Gott einen ruft. ... Aber wenn dann die letzte Stunde droht, dann packt einen die Todesangst, und sie ist um so furchtbarer in dieser Verlassenheit der Gefängniszelle. In dieser grausamen Einsamkeit. Und dann hämmert man mit Fäusten gegen die Tür und schreit: ‚Laßt mich raus, ich sterbe!' Ja, steht der Tod unmittelbar vor einem, ... will man doch noch nicht sterben, dann will man weiterleben. Und ich will auch weiterleben! Ich will noch lange leben, denn ich lebe gerne! Dieses verfluchte Leben ist doch schön!"

Lichtenberg ist nie eine blutleere Gipsfigur gewesen, sondern ein Baum von einem Menschen, vital und voller Leidenschaft, fasziniert von allem Lebendigen, fähig zu Wut und Angst und grenzenloser Liebe. „Lebensmut habe ich noch für 20 Jahre", verspricht er in seinem letzten Brief an Stephana Ostendorf, im September 1943.

Geschrieben ist dieser Brief im Tegeler Lazarett, wohin man ihn kurz zuvor erneut verlegt hat. Wieder werden die Angehörigen benachrichtigt. Ein letztes Mal kommt sein Bischof zu Besuch, bringt eine von Mitgefühl und Respekt getragene Grußbotschaft des Papstes. Pacelli dürfte Lichtenberg aus seiner Zeit als Nuntius in Berlin gekannt haben.

Für kurze Zeit hat man sie im Besuchszimmer allein gelassen, und sie sprechen darüber, was geschehen soll, wenn die Gestapo Lichtenberg nach seiner Entlassung etwa ein Predigtverbot auferlegt. Preysing überläßt die Entscheidung ganz seinem alten Priester; es stehe ihm frei, so ein Verbot zu akzeptieren oder sich nicht zu fügen. „Lichtenberg schien sehr erleichtert", erzählte der Bischof später Schwester Stephana, „und sagte dann mit altem Feuer: ‚Was kann einem denn Besseres passieren, als für seinen heiligen katholischen Glauben zu sterben! Ich bin bereit, heute noch, ja diese Stunde noch für ihn zu sterben!'"

Noch lieber aber will er für ihn leben. Sterbenskrank und völlig entkräftet, abgemagert und müde, vertraut er seinem Bischof bei dieser Unterredung fünf Wochen vor seinem Tod noch einmal den heißen Wunsch an, als Seelsorger zu den getauften Juden in das Getto Lodz zu gehen. Die Gestapo habe ihm das bei seiner Verhaftung versprochen, und wenn sie wortbrüchig werde, dann müsse er sich beschweren. Wovon ihm Preysing abrät; er soll sich jetzt kurz vor seiner Entlassung nicht schon wieder durch solche Äußerungen in Schwierigkeiten bringen.

Auch sein Kaplan kommt zu Besuch, der seit 1938 mit ihm zusammengearbeitet hat. Er erschrickt, als er Lichtenberg sieht: „Er hatte sich und seine Gefühle nicht mehr in der Gewalt", wird er sich später erinnern, „seine früher so wohltönende Stimme war infolge des langen Schweigens heiser. Er weinte."

Reise in den Tod

Illusionen hat er sich keine mehr gemacht. Vielleicht wußte er nicht, daß seine Gefangenenakte den verhängnisvollen Vermerk trug: „Rückführung Staatspolizeistelle Berlin", auf deutsch: Übergabe an die Gestapo sofort nach Entlassung aus der Haftanstalt; geahnt wird er es haben.

O ja, er freue sich auf den Tag der Freiheit, sagte er zu Schwester Stephana bei ihrem letzten Besuch. „Aber wenn der liebe Gott will, daß ich nach Dachau komme, wenn das auch noch notwendig ist, dann will ich es auch." Leicht sei ihm diese Ergebung sichtlich nicht gefallen. Und schon im März hat er Preysing gebeten, für ihn in Rom die Genehmigung zur Konzelebration zu beantragen (also zur gemeinsamen Meßfeier mehrerer Priester, was damals eine Seltenheit war); so sei es doch in Dachau üblich.

Die Gestapo dachte nicht daran, noch einmal ein Risiko mit dem unberechenbaren Querkopf einzugehen: Als Lichtenberg am 23. Oktober 1943 aus der Haftanstalt Tegel entlassen wurde, wartete am Gefängnistor schon ein Polizeiauto. Der 67jährige wurde in „Schutzhaft" genommen, und man lieferte sogar eine Begründung: „Da zu befürchten steht, daß Lichtenberg nach seiner Haftentlassung wiederum im staatsfeindlichen Sinne in Erscheinung tritt und hierdurch die Öffentlichkeit beunruhigt, hat das Reichssicherheitshauptamt seine Einweisung in ein Konzentrationslager verfügt."

Obwohl ihm der Anstaltsarzt in einer Anwandlung von Menschlichkeit ein Attest mit dem Vermerk „schwerkrank" mitgegeben hatte, schickte man ihn zunächst auf den Transport in das „Arbeitserziehungslager" Wuhlheide bei Berlin. Ein Polizeiwachtmeister, der gerade mit einem Häftlingstrupp vom Arbeitseinsatz zurückkam, erinnerte sich später daran, ihn dort vor dem Aufnahmebüro gesehen zu haben. „Ich schaute nochmals hin, und es fiel mir auf, daß der Mann sichtlich schwer krank sein mußte, er ging gebeugt, auch machte er den Eindruck eines Geistlichen. Er war mit einem schwarzen Mantel mit Samtkragen bekleidet, nicht rasiert, stark bewachsen, in der Hand hatte er einen kleinen Koffer."

Der Zeuge hörte, wie der leitende SS-Mann im Aufnahmebüro Lichtenberg als „Juden" beschimpfte. Dann sah er, wie ihn der SS-ler und ein Kapo (also ein Häftling, der das Vertrauen der SS genoß) in eine Art Rumpelkammer führten, wo Kartoffeln und Mohrrüben gelagert waren und wo sich auch ein Bettgestell befand. Er hörte ein Poltern; nach zehn Minuten kamen der SS-Mann und der Kapo heraus und schlossen die Rumpelkammer ab, in der Lichtenberg zwei Tage und zwei Nächte verbrachte.

Dann ging es an einem frostkalten Oktobertag im ungeheizten Güterwaggon, wo die KZ-Kandidaten ohne Wasser und Essen zusammengepfercht waren, in Richtung Bayern, nach Dachau. Es muß eine qualvolle Reise gewesen sein, sechs Tage in drangvoller Enge und bestialischem Gestank, sechs Tage voller Angst und Ungewißheit, bis der Zug in der oberfränkischen Stadt Hof einen Zwischenaufenthalt einlegte.

Man quartierte die rund 200 Häftlinge im städtischen Gefängnis ein. Lichtenberg sah so sterbenselend aus, daß ihm seine Mitgefangenen – 24 Mann in einer Viererzelle – die einzige vorhandene Pritsche überließen; wegen der Läuse und einer drohenden Fleckfieberepidemie gab es sonst nur Bretter auf dem Boden und keine Matratzen.

Auch der Hofer Oberwachtmeister Fuß begriff, was mit Lichtenberg los war. Er fieberte, die Soutane war über und über von Erbrochenem beschmutzt. Fuß holte ein Fieberthermometer: mehr als 40 Grad! Ob er sich denn transportfähig fühle, fragte er den Dompropst. Dessen Antwort: Er wolle es nicht besser haben als die anderen, er gehe mit nach Dachau.

In der Morgendämmerung des 4. November rief der Wachtmeister den Gefängnisarzt, der sich nach zweieinhalb Stunden zu einer flüchtigen Visite bequemte und den Todkranken in das örtliche Krankenhaus überwies. Hier erfuhr Lichtenberg ein letztes Mal, einen kurzen Tag lang, Aufmerksamkeit und Zuwendung: Die evangelischen Diakonissen im Krankenhaus lasen ihm jeden Wunsch von den Augen ab. „Ihr lieben, guten Menschen!" bedankte er sich gerührt ein ums andre Mal, mit schwacher Stimme: „Was seid ihr doch für liebe, gute Menschen!" Helfen konnten sie ihm nicht mehr, zu seinen Dauerleiden war eine Lungenentzündung dazugekommen.

Der Gemeindepfarrer spendete ihm die Sterbesakramente. Die Nacht über, während er laut betete, abwechselnd deutsch und lateinisch, schüttelten ihn quälende Fieberanfälle. Doch die behandelnde Assistenzärztin konnte keine Anzeichen von Bitterkeit oder Angst feststellen; sie hörte immer wieder die Worte „Barmherzigkeit" und „Verzeihen".

Am Morgen des 5. November kam eine große Ruhe über ihn. Ohne erkennbaren Todeskampf verschied Bernhard Lichtenberg um sechs Uhr. Er hatte den gefunden, den er so sehr liebte und in allen Menschen geliebt hatte.

Kirchenlieder gegen Gestapo-Spitzel

Wir wissen nicht, was die Behörden bewog, den Leichnam zur Überführung nach Berlin freizugeben; normalerweise wurden auf dem Transport verstorbene KZ-Häftlinge irgendwo eingescharrt oder verbrannt.

In Berlin empfingen sie den toten Dompropst wie einen Märtyrer. Zum Abschied in der Friedhofskapelle hatte man zwar nur wenige Freunde, Priester, Ordensschwestern eingeladen, aus Angst, die Gestapo könne die Leiche noch beschlagnahmen. Doch der Trauerzug von der St. Sebastian-Kirche zum St. Hedwigs-Friedhof am 14. November wurde zur Demonstration: Obwohl in der Nacht zuvor ein Bombenhagel auf Berlin niedergegangen war und die Straßen von Trümmern übersät waren, begleiteten Tausende den Sarg, ließen sich von der überall präsenten Gestapo und SS nicht schrecken, hörten begeistert die Trauerrede von Bischof Preysing auf einen Menschen, dem die Wahrheit heilig gewesen sei.

Als die Beisetzung vorüber war, wollte keiner den

Friedhof verlassen. Irgend jemand stimmte das Oster-
lied an:

„Triumph, der Tod ist überwunden!
Zum Leben der Unsterblichkeit
ist selbst durchs Grab der Weg gefunden.
Bekenner Jesu, singt erfreut:
Alleluja, alleluja!"

Und dann brachen sich Trotz und Wut, Trauer und
Freude in seltsamer Mischung Bahn, und die tausend-
köpfige Menge sang die Kirchenlieder, die der Dompropst so geliebt hatte, „Großer Gott, wir loben dich",
„Ein Haus voll Glorie schauet", „Maria zu lieben", jeweils mit sämtlichen Strophen, alle liturgischen Themen
bunt durcheinander, Lied um Lied, stundenlang, unbe-
kümmert um Spitzel und Uniformen, bis der letzte am
Grab vorbeidefiliert war.

Lichtenbergs Begräbnisstätte blieb ein Politikum,
auch nach dem schmählichen Ende des „Tausendjähri-
gen Reiches". Denn als man ihn in den sechziger Jahren
in die neuerbaute Gedenkkirche Maria Regina Marty-
rum (West-Berlin) unweit der Hinrichtungsstätte Plötzensee überführen wollte, gaben die DDR-Behörden
den prominenten Toten nicht heraus. Weil sein Grab auf
dem St. Hedwigs-Friedhof (Ost-Berlin) aber im Sperrbe-
zirk der Mauer lag und nicht mehr zugänglich war, bet-
tete man ihn in die Krypta der wieder aufgebauten
St. Hedwigs-Kathedrale um.

In der Nähe der Haftanstalt Tegel war wenige Jahre
zuvor eine „St. Bernhard-Kirche" eingeweiht worden,
die zwar dem Kirchenreformer, Kreuzzugsprediger und
Mystiker Bernhard von Clairvaux geweiht ist, vom
eigenwilligen Berliner Volk aber immer schon auch als
Huldigung an den unbeugsamen Bernhard Lichtenberg
verstanden wurde.

1965 eröffnete Erzbischof Alfred Bengsch mit der Aufforderung, sämtliche noch erreichbaren Briefe, Tagebücher und Aufzeichnungen des Dompropstes zu sammeln, den Informativprozeß auf Diözesanebene, der einem Seligsprechungsverfahren vorausgeht. 31 Zeugen wurden gründlich vernommen, nicht viele, aber von „außerordentlich guter Qualität", wie Professor Peter Gumpel vom Jesuitengeneralat in Rom – Lichtenbergs „Anwalt" beim Seligsprechungsprozeß – bekundet: sechs von dessen einstigen Kaplänen, Ordinariatskollegen, Küster, Polizeibeamte, der Obermedizinalrat und die Stationsärztin, die ihn in Hof betreut hatten, und natürlich Schwester Stephana, die inzwischen Generaloberin der Berliner „Johannesschwestern von Maria Königin" geworden war.

Im Fall Lichtenberg stieß das Verfahren auf etliche spezielle Probleme: Im jungen Bistum Berlin hatte es noch keinen Seligsprechungsprozeß gegeben, und die kirchlichen Behörden waren entsprechend unerfahren. Lichtenbergs Einstufung als Märtyrer schien unsicher; er war nicht durch direkte Gewalteinwirkung ums Leben gekommen und bereits ein schwerkranker Mann, als er in die Fänge der Gestapo geriet.

Als die dickleibige, dreibändige „Positio", die Sammlung sämtlicher Zeugenaussagen und Dokumente über Lichtenbergs Leben und Sterben – die im wesentlichen vom Berliner Diözesanarchivar Dr. Gotthard Klein zusammengetragen worden war – 1992 endlich der römischen „Congregatio pro Causis Sanctorum" übergeben werden konnte, reagierte man im Vatikan etwas unwirsch: Der Papst hatte nach der Reform der Seligsprechungsprozedur zwar gestattet, die Dokumente in Deutsch vorzulegen – bisher liefen sämtliche Verfahren auf italienisch bzw. lateinisch ab, und das ganze Material mußte hin und her übersetzt werden –, aber es war nicht so einfach, genug deutschsprachige Kardinäle, Bischöfe und Kurienbeamte zur Begutachtung und Entscheidung zusammenzubringen.

Schließlich griff Papst Johannes Paul II. persönlich ein, „außerordentlich scharf und energisch" (Gumpel), ernannte unter Umgehung der (entsprechend beleidigten) Kongregation eine Sonderkommission von zwölf deutschsprachigen Kardinälen und Bischöfen, um das Material prüfen zu lassen; doch weil kein Termin festgesetzt war, verzögerte sich das Verfahren Jahr um Jahr. Eine neue Eingabe an den Papst, und plötzlich lief alles wie am Schnürchen. Am 2. Juli 1994 unterschrieb Johannes Paul II. das entscheidende Dekret über die Anerkennung des heroischen Tugendgrades, wie das im vatikanischen Kirchenlatein heißt; zwei Jahre später nahm er am 23. Juni 1996 bei seinem dritten Deutschlandbesuch die Seligsprechung vor, im Berliner Olympiastadion.

Der gute Bernhard Lichtenberg selbst hätte den ganzen Wirbel um seine Person wohl kaum verstanden, und es wäre ihm ziemlich gleichgültig gewesen, ob man ihn einmal mit einer so seltenen Ehre bedenken würde. Er hatte ja nur seine Pflicht als Priester getan.

7

„Verflucht sei der Zwang der Gewissen" –

Der Student Karl Leisner ließ sich auch im KZ die Lust am eigenen Denken nicht austreiben

„Christus ist meine große Leidenschaft geworden …
Er hat meinen Charakter geprägt"
DER 20JÄHRIGE KARL LEISNER 1935

„Wohin du mich stellst, da will ich stehen"
KARL LEISNER 1938

Im Konzentrationslager Dachau wird am 17. Dezember 1944 – es ist der dritte Adventssonntag – ganz geheim, unbemerkt von den SS-Wachen, ein verrückt anmutendes Fest gefeiert.

Einige Dutzend Priester versammeln sich in der armseligen Lagerkapelle vor dem aus Kisten und Blechbüchsen zusammengenagelten Tabernakel, abgezehrt, müde, in ihren gestreiften Häftlingskleidern. Unter feierlichem Gesang zieht ein Bischof ein, in einem heimlich genähten Pontifikalgewand, unter dem die Sträflingshosen hervorschauen, mit einem Bischofsstab, den ein inhaftierter Bildhauer und Benediktiner aus Eichenholz geschnitzt und mit der hintergründigen Inschrift „Victor in vinculis – Sieger in Fesseln" versehen hat, an der Hand einen Bischofsring, den ein Russe in der lagereigenen Waffenschmiede aus Messing getrieben hat, mit dem eingravierten Bild der Gottesmutter.

Auf einem Holzschemel sitzt bleich und vor innerer Erregung zitternd ein schmächtiger Häftling, dem jetzt alle anwesenden Priester in ihrem Sträflingsaufzug einzeln die Hände auflegen.

Priesterweihe im KZ. Und kein SS-Aufseher, kein Lagerverwalter, kein Kapo-Spitzel ahnt etwas davon. Um die vorbeipatrouillierenden Wachposten abzulenken, spielt draußen vor der Baracke ein jüdischer Freund der Geistlichen Geige, verzaubert diese Hölle auf Erden mit seinen Himmelstönen.

Der Bischof ist Gabriel Piguet (gestorben 1952) aus Clermont-Ferrand in der französischen Auvergne, den man wegen Unterstützung der Widerstandsbewegung verhaftet und zunächst im elsässischen KZ Natzweiler interniert hat. Als die Front immer näher rückt, wird das Lager 1944 aufgelöst und Bischof Piguet nach Dachau transportiert, wo in den „Priesterbaracken" insgesamt 2763 Geistliche aus 23 Ländern inhaftiert gewesen sind. Der schwer lungenkranke Häftling, den er inmitten dieser Alptraumwelt aus Angst und Gewalt zum Priester weiht, ist der 29jährige Karl Leisner aus Rees am Niederrhein.

Als mitreißender Jugendführer hat sich Leisner erfolgreich abgemüht, junge Menschen vor dem Zugriff der braunen Rattenfänger zu bewahren. Anders als die Herrenmenschen mit ihrer Lust am Zerstören und ihrem dumpfen Rassismus träumte er von einer friedlichen Welt und von der Versöhnung zwischen den Völkern.

Es überrascht nicht, daß das kurze Leben dieses 1945 im Alter von erst 30 Jahren verstorbenen Glaubenszeugen weit über die Grenzen Deutschlands hinaus wachsende Beachtung findet. Für immer mehr Menschen werde er in seinem „entschlossenen christlichen Lebenszeugnis" zum Vorbild, sagte Papst Paul VI., als 1977 Bischof Tenhumberg von Münster den Seligsprechungsprozeß für Karl Leisner beantragte. Sein Nachfolger Johannes Paul II. sollte den jungen Querkopf 1996 in die Schar der Seligen aufnehmen, zusammen mit Dompropst Bernhard Lichtenberg, den sein Abendgebet für die verfolgten und ermordeten Juden und die „armen Gefangenen in den Konzentrationslagern" – also auch für Karl Leisner – selbst ins Gefängnis gebracht hatte und der auf dem Transport nach Dachau starb, wo Leisner damals schon drei Jahre lang schmachtete.

Ein „rasendes Ungeheuer" auf dem Fahrrad

1915 begann Leisners kurzes, aber faszinierendes Leben in Rees, in der Familie eines kleinen Gerichtssekretärs. Karl war das älteste von fünf Kindern. Seinen Vater charakterisiert der Leisner-Biograph René Lejeune als „sehr ordnungsliebenden" Menschen mit festen Grundsätzen, energischem Charakter und starkem Glauben.

Volksschule und Gymnasium im nahegelegenen Kleve, einer verträumten Kleinstadt mit großer Vergangenheit als Herzogsresidenz. Als Zwölfjähriger war Karl schon Gruppenführer in der katholischen Jugend. Diskussionsabende und Einkehrwochenenden wechselten mit wilden Spielen in den Wäldern und Radtouren durch die Dörfer. Mindestens einmal im Monat ging es auf große Fahrt, mit Lagerfeuerromantik, herrlich unbequemen Übernachtungen in Scheunen oder auf Heuböden und Morgengottesdiensten im Licht der aufgehenden Sonne.

Sieben Jahre später flitzte der Bezirksjungscharführer

(so hieß das damals) Karl Leisner auf seinem Fahrrad „wie ein rasendes Ungeheuer" durch die Dörfer, wie er im Tagebuch notierte, „und stärke die Jungens und ‚trommle' sie wach bis ins letzte verschlafene niederrheinische Dörfchen hinein … Jungschar marschiert! – Mit solchen Kerlchen da kann man glatt die ganze Gegend auf den Kopf stellen."

Sie gehen für ihn durchs Feuer, seine Jungs, sie lieben und bewundern ihn, weil sie spüren: Der Karl will nicht bloß was von uns, der verlangt sich selbst das letzte ab. Und recht haben sie. „Wage dein Leben", steht in seinem Tagebuch. „Wage dich!" Mit ganzem Herzen und zäher Entschlossenheit.

Glaube ist für diesen frühreifen und gleichzeitig noch pubertär stürmischen jungen Mann keine vage Gefühlssache, sondern erfordert eisernen Willen. „Nicht sentimental" wird er sein, hat er sich nach einer Fastenpredigt vorgenommen, „sondern mutig unter dem Kreuz, fest, felsig!"

15 Jahre ist er alt, als er in seinem Tagebuch ein Lebensprogramm aufstellt, in dem er vielleicht etwas zu mitleidlos mit sich selbst umgeht, dafür aber jede kindliche Schwärmerei weit hinter sich läßt: „Mein Inneres: Keine unwürdigen, ungeordneten, vulgären Gedanken! … Im äußeren Verhalten: Immer korrekte Haltung und Kleidung (bei Tisch)! Vornehmheit und Höflichkeit. Weder Heftigkeit, noch Geschwätz! … Gegenüber anderen: Sei tugendhaft und klar, höflich und edel! Gegenüber Mädchen innere Disziplin und Haltung! … Keine Heuchlerei! Keine Prahlerei! Nicht soviel Geschwätz; mehr Hilfsbereitschaft! Entschlossenheit in allem! … Liebe zu jedem menschlichen Wesen! Zum Teufel mit dem gefräßigen Egoismus, d. h. mit der Sünde! Ruhig überlegen, dann mutig handeln!"

Drei Jahre später wird er die Stoßrichtung präzisieren: „Fort mit allem Schein, aller Leere; kein Ich-Kult mehr ..."

Er arbeitet hartnäckig an sich, vom ganz banalen morgendlichen Kampf mit dem Kopfkissen („Das geht einfach nicht immer: so spät zu Bett und trotzdem nichts ordentlich für die Schule gemacht") über eine hellsichtige charakterliche Selbstkritik („Kein Theaterspieler! Selbstzucht!") bis zu tieferen Einsichten in die Wurzeln seines Fehlverhaltens (er findet sich in seelischer Hinsicht „überfüttert, überladen, verfettet" und erstrebt „innere Freiheit von allen sich aufdrängenden Verkrampfungen, Komplexen und Falsch- oder Vorurteilen").

Das Ziel allen Bemühens, die Kraftquelle für alle Kämpfe und der Grund, warum ihm die Unzufriedenheit mit sich selbst seine unbändige Lebensfreude nicht rauben kann, das Zentrum und Licht dieser strahlenden Existenz ist Christus. Karls Glaube ist weder Katechismusweisheit noch Pflichterfüllung, sondern Leidenschaft, und die kurzen Gebete in seinem Tagebuch lesen sich wie Liebesbriefe:

„Komm zu Christus! Glaube, und du kommst, liebe, und du wirst gezogen."

„Christus, du mein Leben, meine Liebe, du meine Leidenschaft, entflamme, erleuchte mich!"

„Christus steht vor mir fordernd, und er schaut mich ernst an. Er schaut bis ins letzte, heimlichste Fältchen des Herzens! Bin ich stark genug?"

„Soll ich mitlaufen, mitschreien?"

Karls Begeisterung muß auf seine Jungengruppen übergesprungen sein, wenn er sie nach seinem Motto „Und nun mit Gott ran!" zu Fußmärschen und sportlichen Leistungen, zu Problemgesprächen und Andachtsstunden aktivierte. Es wird berichtet, daß sie ihn einmal nach einer besonders schönen Gruppenstunde mit Gesang und Gespräch auf ihren Schultern hinaus auf den Kirchplatz trugen, wo ein Trupp Hitlerjungen stand und diese Demonstration katholischen Selbstbewußtseins drohend betrachtete.

Denn man schrieb das Jahr 1934, und längst beanspruchten die Nazis die totale Herrschaft über die Jugend. „Diese Jugend", versprach Hitler in einer seiner atemlosen Reden, „die lernt ja nichts anderes als deutsch denken, deutsch handeln, und wenn diese Knaben mit zehn Jahren in unsere Organisation hineinkommen und dort zum ersten Male überhaupt eine frische Luft bekommen und fühlen, dann kommen sie vier Jahre später vom Jungvolk in die Hitlerjugend, und dort behalten wir sie wieder vier Jahre, und dann geben wir sie erst recht nicht zurück in die Hände unserer alten Klassen- und Standeserzeuger, sondern dann nehmen wir sie sofort in die Partei, in die Arbeitsfront, in die SA oder in die SS ... und so weiter, und sie werden nicht mehr frei ihr ganzes Leben!"

Leisner aber stellte sich in seinem Tagebuch die Frage: „Soll ich mitlaufen, mitschreien, mitziehen? Nein, das tu ich nicht; es sei denn, daß man mich mit Gewalt oder durch Staatsgesetz dazu zwingt, aber innerlich folge ich ihnen nicht. Der Drill, die Schnauzerei, die Lieblosigkeit gegen die Gegner, ihre fanatische, tamtamschlagende Nationalitätsbesessenheit kann ich nicht teilen."

In seinen zahllosen Tagebuchvorsätzen hat er sich zwar geschworen, nicht mehr soviel zu „politisieren", aber das hat wohl eher mit seiner Skepsis gegenüber bloßem Geschwätz und eitler Selbstbespiegelung zu tun. Denn dasselbe Tagebuch zeigt, daß er sich schon sehr früh ernsthaft und auf ziemlich vernünftige Weise mit Politik befaßt hat. O ja, er fühle sich als deutscher

Katholik und liebe sein Vaterland, aber „diese Gesinnungsknebelei und Unterdrückung" lehne er ab, notiert er im Mai 1933, zwei Monate nach der Machtübernahme der Nazis. Hitler erscheint ihm, dem 18jährigen, „nicht glaubhaft". Brüning, der nüchterne Zentrumskanzler, der letzte Staatsmann der Weimarer Republik mit Format – ja, das sei sein „Ideal" gewesen. „In der Art dieses Mannes kämpfen." Aber Hitler? „Ich vertraue nicht auf seine Worte. Er macht ihrer eben zuviel ... Alles ist so unklar, so verschwommen!"

Wer sich den Luxus eines selbständigen Denkens leistete, bekam damals natürlich Schwierigkeiten in der Schule. „Mancher verfluchte Nazilehrer wird mir eine Falle stellen wollen, mich hindern wollen, mein Abitur fein zu bauen", prophezeite er in seinem Tagebuch. Besonders das Pflichtfach „Vererbungs- und Rassenlehre" brachte ihn in Rage. Aber die härtesten Auseinandersetzungen hatte er mit dem Deutschlehrer, einem gewissen Dr. Verleger, der die katholischen Aktivisten für Staatsfeinde hielt.

Am Tag, nachdem die Nazi-Behörden das Jugendheim seiner Gruppe beschlagnahmt hatten – eine alte Windmühle, von den jungen Leuten mit viel Arbeitsaufwand restauriert und eingerichtet –, wurde Karl mit vieren seiner Freunde zum Schuldirektor gerufen. Sie mußten eine Erklärung unterzeichnen, in der sie feierlich versprachen, „jede provokatorische und verleumderische Haltung gegen die Regierung und ihre Politik zu unterlassen". Tatsächlich hatten etliche stramm nationalsozialistische Lehrer dafür plädiert, Karl von der Schule zu verweisen und ihm damit das Abitur zu vermasseln. Die Mehrheit der Lehrerkonferenz aber schützte ihn mehr oder weniger offen; Karl war nicht nur ein ausgesprochen guter Schüler, er sorgte auch für eine gute Atmosphäre in der Klasse.

Um diese Zeit muß auch die Gestapo auf den jungen Mann aufmerksam geworden sein, der an einen anderen „Führer" zu glauben wagte als an den gerade inthronisierten – und das auch noch frech herausposaunte. Denn als er 1934 sein Theologiestudium in Münster begann (wo er umgehend zum „Diözesanjungscharführer" avancierte), hatte die Gestapo-Leitstelle Düsseldorf bereits eine Akte „Karl Leisner" angelegt.

Es fiel auf, daß Leisner immer noch auf seine Zulassung zum Universitätsstudium warten mußte, als seine Mitabiturienten dieses Papier längst in der Tasche hatten – sogar, als er schon im Collegium Borromäum wohnte. „Der Zusammenstoß ist unvermeidlich", das wußte er längst. Das katholische Jugendhaus Münster war polizeilich geschlossen, einer der Leiter katholischer Jugendarbeit auf Reichsebene in das Untersuchungsgefängnis Berlin-Moabit eingeliefert worden. „Werden unsere Bischöfe sich das bieten lassen?" notierte er empört. „Verflucht sei der Zwang der Gewissen!"

An einem Münsteraner Gymnasium hat er die Hetze erlebt, auf einem schrecklich niedrigen Niveau. Was sie denn bei den Kommunisten wollten, herrschte ein tiefbrauner Lehrer die treuen Mitglieder seiner Jugendgruppe an. Welche Kommunisten? „Na, ihr folgt doch Christus, und der war doch auch so eine Art Kommunist."

Aber sie haben sich nicht beeindrucken lassen, stellt Leisner voll Stolz fest, und dem Nazi-Lehrer gesagt, die Hitlerjugend könne ihnen gestohlen bleiben, solange Alfred Rosenberg mit seiner Neugermanenreligion dort den Ton angebe. Soviel Mut war damals, 1935, in einer Schulklasse noch möglich.

Besuch von der Gestapo

Nicht mehr lange, denn Terror und Gewissenszwang zogen ihre Netze immer enger um die letzten noch verbliebenen christlichen Organisationen. Spitzel beschatteten den Diözesanjungscharführer Leisner, kontrollierten seine Post. Er entkam ihnen auch nicht, als er nach Freiburg im Breisgau wechselte und dort sein Theologiestudium fortsetzte, die Kräfte jetzt stärker auf die akademische Arbeit (und auch auf das Fremdsprachenstudium: Englisch, Französisch, Italienisch, Flämisch) konzentrierend.

Er arbeitete weiter an sich, schnitzte am eigenen Charakter selbstkritisch und hartnäckig wie eh und je: „Nun, da hab' ich's halt mal wieder erlebt", ärgerte er sich, „schöne Phrasen, aber schwer, sie zu leben!" Er sei noch zu wenig „zielklar" und hingabebereit, zu sehr ichbezogen und selbstgerecht, ein „hochfahrender Ich-Klausner und Hamsterer" – und, damit zusammenhängend, hölzern-schroff in seinen Umgangsformen: „Mehr Cavalliero! Du bist noch kein 80jähriger Pastor, sondern junger Kerl! Bitte mehr Schliff!"

Die Pfingstferien seines Freiburger Studienjahres bringen ihm eine abenteuerliche Begegnung: Mit zwei Freunden aus der Jugendarbeit fährt er nach Rom, in der Tasche ein Empfehlungsschreiben des Jesuiten Constantin Noppel, der bis vor einem Jahr das Germanikum geleitet hat, das römische Elitekolleg seines Ordens. Durch und durch von der katholischen Jugendbewegung geprägt, zeichnet Noppel in seinen Büchern ein neues Kirchenbild, die Vision eines lebendigen Organismus aus lauter mündigen, aktiven Gliedern. Dieser Noppel ist ein Freund von Kardinal Caccia, der Papst Pius XI. als Privatsekretär dient.

Wie René Lejeune in seiner Leisner-Biographie schil-

dert, geben die deutschen Studenten ihr Empfehlungsschreiben ab, „ohne sich große Hoffnungen zu machen". Tags darauf, als sie gerade den Triumphbogen
des Kaisers Konstantin besichtigen, stoppt eine feudale
Limousine neben ihnen, Kardinal Caccia beugt sich aus
dem Fenster und lädt die völlig verblüfften jungen
Leute zum Mittagessen in das vatikanische Staatssekre-
tariat ein. Später wird er sie aufklären, er habe sie an der
„Uniform" der deutschen katholischen Jugendbewegung erkannt: weißes Hemd, graue Hose, schwarzer
Gürtel. Er schenkt ihnen auch Karten für eine Papstau-
dienz.

Die drei ziehen ihren Sonntagsstaat an, putzen die
Schuhe blank und finden sich zum festgesetzten Termin
im vatikanischen Palast ein, wo sie schüchtern nach den
übrigen Audienzteilnehmern Ausschau halten. Doch es
ist niemand da. Ein Schweizergardist mustert sie erstaunt, führt sie über endlose Treppen und durch präch-
tige Säle – bis zu einer geheimnisvollen Tür. Das sei das
Arbeitszimmer des Papstes. Kardinal Caccia holt sie
herein, der Papst sitzt hinter seinem Schreibtisch, und es
entspinnt sich eine lebhafte Unterhaltung über die bri-
sante Situation in Deutschland.

Pius XI. ist ein entschiedener Gegner der Faschisten
und Antisemiten, ein Jahr später wird er die glasklare
Enzyklika „Mit brennender Sorge" gegen Rassismus
und Staatsvergötzung veröffentlichen, und er ist glücklich, aus erster Hand Informationen zum Überlebens-
kampf junger Katholiken in diesem Gewaltregime zu
erhalten. Zumal die Studenten aus dem Bistum Münster
kommen, wo der von ihm geschätzte Bischof Galen
regiert. Karl Leisner habe mit Feuereifer und vielen De-
tails erzählt, nachdem die erste Scheu überwunden gewesen sei, erinnern sich die anderen Teilnehmer der un-
gewöhnlichen Runde.

1937 unterbricht die Einberufung zum Reichsarbeitsdienst das Studium. Sieben Monate Lagerleben in Sachsen und im Emsland. Karl wird beim Rasensetzen und beim Begradigen eines Flusses gebraucht, eine harte Schufterei. Geschlafen wird auf Strohsäcken in einer Holzbaracke. Auch in diesem rauhen Klima betätigt er sich als Glaubenszeuge und geistiger Widerständler. „Wir halten eine geistige Linie im Trupp hoch", schreibt er trotzig in sein Tagebuch. „Die Mistviecherei hört auf! ... Es lebe der Geist!"

Nach seiner Rückkehr vom Arbeitsdienst eine böse Überraschung: Die Gestapo veranstaltete eine Haussuchung, drei Stunden lang, und beschlagnahmte sämtliche Tagebücher, dazu Briefe, Quittungen, Liederhefte für seine Jugendgruppen. Leisner ließ sich das nicht gefallen und legte Widerspruch ein, natürlich ohne Erfolg.

Die Geheime Staatspolizei verlor ihn nicht aus den Augen, als er sein Studium in Münster wieder aufnahm, 1938 in das dortige Priesterseminar eintrat, sein Praktikum als Religionslehrer in einer Mädchenklasse machte und ein Jahr später, nach der Diakonatsweihe, wegen seiner ständigen Lungenbeschwerden – man stellte Tuberkulose auf beiden Lungenflügeln fest – eine Kur in St. Blasien im Schwarzwald antrat.

Am 8. November 1939 installierte der Tischlergeselle Georg Elser im Münchner „Bürgerbräukeller" eine Höllenmaschine, die Hitler und seine engste Gefolgschaft beim jährlichen Traditionstreffen zur Erinnerung an den braunen Putsch 1923 töten sollte. Doch Hitler verließ die Versammlung vorzeitig und entging dem Attentat. Leisner hörte die Nachricht im Radio, gab unvorsichtigerweise einen bedauernden Kommentar ab, wurde denunziert – und sofort schlug die Gestapo zu, die endlich einen Grund hatte, den mißliebigen Studenten zu verhaften.

Die „Saupfaffen" müssen Kreuzigung spielen

Schon am 9. November passierte Leisner im Freiburger Gefängnis ein, im März 1940 wechselte er in das KZ Sachsenhausen bei Berlin und im Dezember 1940 schließlich ins Konzentrationslager Dachau, wo zu diesem Zeitpunkt alle inhaftierten Geistlichen aus dem ganzen Deutschen Reich zusammengelegt wurden. Leisner, der jetzt nur noch eine Nummer war – Häftling 22 356 –, hauste mit knapp 200 Priestern in einer engen Baracke, schlief auf einer Holzpritsche, arbeitete auf der „Plantage", wo die SS Gewürze, Heilkräuter, auch Drogen anbaute.

Das bedeutete, bei Wind und Wetter auf den Knien in stinkenden Wasserlöchern herumzukriechen, Beete auszuheben, Schubkarren zu fahren – ohne die kleinste Brotzeit, weil diese Tätigkeit nicht als Arbeit galt. Zum Glück ordnete der Reichsführer SS Heinrich Himmler bald nach Leisners Ankunft in Dachau an, daß die Priester statt der Beschäftigung auf den Plantagen in der Küche und den Reparaturwerkstätten eingesetzt werden sollten; die Bischöfe hatten vehemente Proteste erhoben, und ganz konnte man es sich mit der Kirche noch nicht verderben.

Wobei die Küchenarbeit nicht selten auch eine Tortur darstellte: Dreimal täglich bei der Essensausgabe mußten jeweils zwei Priester die – mit Inhalt – gut 75 Kilo schweren Eisenkübel mit Kaffee oder Suppe durch das ganze Lager schleppen, am Ende ihrer Kräfte dahinstolpernd, angetrieben von prügelnden SS-Leuten, im Winter über eisbedeckte Treppen und durch Schneewehen, immer in Angst, hinzustürzen und etwas von den kargen Kostbarkeiten zu verschütten, denn dann bekamen ihre Kameraden eben noch weniger zu essen.

Die Atmosphäre in dieser Hölle charakterisiert ein

Bericht vom Karfreitag: Die SS-Wachmannschaften spielen mit 60 Gefangenen aus dem „Priesterblock" Kreuzigung. Sie fesseln ihnen die Hände auf den Rükken und ziehen sie mit Ketten an Bäumen hoch – gerade so hoch, daß ihre Fersen knapp über dem Erdboden schweben. Eine Stunde lang werden die 60 Mann so hängengelassen. Einige werden später an den Folgen der gotteslästerlichen Tortur sterben. Viele behalten verkrüppelte Hände.

Ein andermal läßt ein SS-Mann „alle Saupfaffen", wie er sich ausdrückt, unter einen Tisch kriechen und niederknien, den schweren Tisch auf den Köpfen balancierend. Danach befiehlt er den vor Erschöpfung Zitternden, auf die Spinde hinaufzuspringen und dort oben im Chor „O Haupt voll Blut und Wunden" zu singen.

Doch selbst in dieser Umgebung hat Karl Leisner die Gelassenheit behalten, die ihn im Freiburger Gefängnis auf eine leere Seite seines Breviers kritzeln ließ: „Ich bin vollkommen ruhig, ja froh; denn ich bin mir meines reinen Gewissens und sauberer Gesinnung bewußt. Und wenn ich vor Gottes klarem Richterspruch bestehen kann, was können Menschen mir dann schon antun! ... Alles hat seinen Sinn."

Überlebende Mithäftlinge berichten, er habe diese verrückt erscheinende heitere Gelassenheit – die aber lebenswichtigen Durchhaltewillen bedeutete! – in den Baracken verbreitet, Lieder zur Klampfe gesungen sowie Brot und Kleidung von der eigenen knappen Ration an Leidensgenossen verteilt, die offenbar noch mehr darbten. Seine Gebete kreisten um den Wunsch, nicht mutlos und ungeduldig zu werden: „Einst schrieb ich in jugendlichem Idealismus: Christus, meine Leidenschaft. Heute schreibe ich, schrecklich ernüchtert, aber geklärt: Jesus Christus, meine Liebe, mein ein und alles. Dir gehöre ich ganz und ungeteilt."

Sorgen machte er sich nicht so sehr um sich als um die Kameraden draußen an der Front – „mein Herzenswunsch wäre, als Sanitäter in einem Lazarett ihnen zu Dienst zu sein" –, um seinen Vater, den man nach einer anonymen Denunziation verhaftet und Gott sei Dank bald wieder freigelassen hatte. Nach Hause schrieb er muntere Briefe – weil die Lagerzensur einen realistischen Bericht nicht durchgelassen hätte, aber auch, um seine Angehörigen nicht zu beunruhigen: „Mit meiner Heimkehr geduldet Euch noch ein wenig. Ich hab's Warten gelernt, und 's geht mit der Zeit ganz prima."

„Was siegt, ist die Kraft der größeren Liebe"

Die ständigen Schmerzen und die zunehmende Schwäche ließ sich der an hochgradiger Tbc leidende Häftling nicht anmerken. In dem feuchten, rauhen Klima der Dachauer Sumpflandschaft mußte er immer öfter aus den Priesterbaracken in die Krankenstation wechseln, wo bis zu 150 Tuberkulosepatienten auf einer einzigen „Stube" lagen, stöhnend, hustend, in der stickigen Luft fiebernd, manche außer sich vor Verzweiflung oder im Delirium wild phantasierend. Karl versuchte, seine Leidensgefährten zu trösten, so gut er konnte; aus einer unter seinem Kopfkissen versteckten winzigen Blechdose reichte er ihnen regelmäßig heimlich die Kommunion. Um sich mit den vielen sowjetischen Häftlingen unterhalten zu können, ließ er sich ein wenig Russisch beibringen.

Die Verpflegung war für die Kranken nicht besser als für die übrigen Todeskandidaten: Morgens ein wässriger Kaffee, mittags ein Teller ebenso wässrige Suppe mit ein paar Gemüsestückchen darin, abends ein Stück Brot, ranzige Margarine und eine Wurstscheibe. Erst im

Herbst 1942, als sich die Kriegslage zuspitzte und an der Verpflegung in den Arbeits- und Vernichtungslagern noch mehr gespart werden mußte, ließ die Lagerleitung Lebensmittelpakete von draußen zu.

Doch der Häftling Nummer 22356 vom Block 28, Stube 1, schrieb im März 1944 bloß lakonisch nach Hause: „Was so in vier Jahren nicht alles passiert. Ich werde auch langsam alt dabei. Eine Glatze beginnt sich auch schon abzuzeichnen. Ich folge Vaters Vorbild."

Mehr Sorge als sein sich rapide verschlechternder Gesundheitszustand (er wolle sich nicht „im Leiden interessant vorkommen", ermahnte er sich selbst) bereitete ihm die schwindende Aussicht, jemals zum Priester geweiht zu werden – das war doch sein Lebenstraum gewesen. Freilich, ein Zeuge der Menschenfreundlichkeit Jesu wollte er werden, „nicht so ein eingebildeter, stolzer (= überheblicher) Paschatyp von Pfaffe ..., der vor lauter Hochmut und Selbstsucht sein eigenes Steckenpferd mit dem Reiche Gottes verwechselt – und dauernd redet, denkt und kreist um das eigene kleine – vielleicht zu Großem begabte und berufene – Ich." So sein Tagebuchvorsatz vom 12. April 1938.

Denn „das Erstarrte, Verkrampfte, Altmodische und Hinterwäldlerische im äußeren Gebaren der Kirche" war ihm schmerzlich bewußt, und er litt daran, daß „der Geist der Freiheit, des Vertrauens, der Weite, der Liebe und Größe" auf diese Weise „in eine lebens- und glaubenstötende Zwangsjacke gebannt" schien. Und nahm sich dann doch wieder vor: „Aber wir wollen nicht nörgeln. Was siegt, ist die Kraft der größeren Liebe ..."

Als im Herbst 1944 der französische Bischof Piguet in Dachau eingeliefert wurde, geschah das Unglaubliche, und Karls Traum wurde Wirklichkeit: Priesterweihe im KZ. „Hier, an der Stelle, wo Priesterleben und Priesterwirken so brutal vernichtet wurde, sollte ein neuer Priester geboren werden!" freute sich sein Mithäftling Reinhold Friedrichs, Religionslehrer aus dem Bistum Münster. Die fünfeinhalb Jahre Haft und KZ seien ein „hartes Priesterseminar" für Karl gewesen. „Hier erst erfaßten wir ganz, daß die Priesterweihe eine Bluttaufe ist für die Ewigkeit."

Die in Dachau internierten evangelischen Pastoren freuten sich mit: Sie bereiteten dem Bischof, dem Neugeweihten und seinen Freunden ein Festmahl mit Bohnenkaffee und Kuchen, geheimnisvoll auf irgendwelchen verschlungenen Wegen organisiert, auf weißgedeckten, blumengeschmückten Tischen. Und immer noch merkten die SS-Wachen nichts.

Am 26. Dezember, dem Fest des Erzmärtyrers Stephanus, feiert Karl Leisner Primiz in der Lagerkapelle: die erste Messe seines Lebens und zugleich die letzte. Längst ist er ein Todeskandidat, in einer Woche magert er um acht Pfund ab. Nach der Befreiung des Lagers durch US-Truppen („Endlich frei von der verdammten Nazi-Tyrannei!" jubelt er im Tagebuch) bemüht man sich im Lungensanatorium Planegg bei München vergeblich um ihn. Fieber, Bronchitis, quälender Husten, eitriger Auswurf aus der Lunge, schließlich eine Lungenentzündung. Am Ende ist er zu schwach zum Essen, seine Mutter füttert ihn mit Brei wie ein Kind.

„Uns, die wir oft verzweifelt und mit sorgenvollen und ernsten Gesichtern bei ihm gestanden haben mögen", erinnert sich der Oberarzt Dr. Corman, „gab er Kraft, Glauben und Hoffnung auf eine Wende des Schicksals..."

„O wiedergefundene Liebe und Würde des Menschen", schreibt er am 23. Juli 1945 mit zittrigen Buchstaben in sein Tagebuch. „Wir armen KZler. Sie wollten unsere Seele töten." Zwei Tage später der letzte Eintrag:

„Gut Nacht, ewiger, heiliger Gott …, alle lieben Lebendigen und Toten nah und fern! Segne auch, Höchster, meine Feinde!"

Am 12. August ist der Kampf zu Ende. Karl Leisner ist nur 30 Jahre alt geworden.

In Kleve wird er unter außerordentlich starker Anteilnahme der Bevölkerung zu Grabe getragen. Bald benennt man Heime und eine Schule nach ihm. Der Priesterrat des Bistums Münster, die Heimatgemeinde, überlebende KZ-Häftlinge (darunter ein polnischer Bischof) machen sich für eine Seligsprechung stark. 1977 der offizielle Antrag in Rom, 1980 in Münster die Eröffnung des Prozesses.

Seit 1966 ruht Karl Leisner in der Krypta des Xantener Doms, neben zwei anderen Opfern des Nazi-Terrors und umgeben von Urnen mit Asche aus Dachau, Bergen-Belsen und Auschwitz.

Zeittafel Bernhard Lichtenberg

03.12.1875	Geburt in Ohlau (Niederschlesien)
April-Juli 1895	Theologiestudium in Innsbruck
1895–1898	Theologiestudium in Breslau
21.06.1899	Priesterweihe in Breslau
28.07.1899	Kaplan im schlesischen Neisse
13.08.1900	Kaplan in Friedrichsberg-Lichtenberg bei Berlin
05.11.1902	Kaplan in Charlottenburg
17.10.1903	Kaplan in Berlin-St. Michael
30.09.1905	Kurat in Friedrichsfelde-Karlshorst
03.03.1913	Pfarrer in Charlottenburg
1919–1931	Abgeordneter der Stadtverordneten- bzw. Bezirksverordnetenversammlung von Charlottenburg (später Berlin-Charlottenburg)
01.01.1931	Domkapitular in Berlin
27.12.1931	Dompfarrer in Berlin-St. Hedwig
1933	Haussuchung und Verhöre durch die Gestapo
30.06.1934	Ermordung des Leiters der Katholischen Aktion Berlin, Dr. Erich Klausener
18.07.1935	Lichtenberg protestiert beim Preußischen Staatsministerium gegen Menschenrechtsverletzungen im Konzentrationslager Esterwegen
16.11.1937	Dompropst in Berlin

14.08.1938	Einrichtung des „Hilfswerks" für katholische Nichtarier beim Ordinariat Berlin
09.11.1938	„Reichskristallnacht"; von da ab betet Lichtenberg täglich öffentlich in der St.-Hedwigs-Kathedrale für die Juden und alle KZ-Gefangenen
August 1941	Lichtenberg protestiert auf der Kanzel von St. Hedwig gegen die Beschlagnahme kirchlicher Gebäude
26.08.1941	Protestschreiben an Reichs-Ärzteführer Dr. Leonardo Conti gegen die Tötung Geisteskranker
04.09.1941	Zwei Studentinnen denunzieren Lichtenberg wegen seines öffentlichen Gebets für Juden und KZ-Opfer
23.10.1941	Haussuchung und Verhaftung durch die Gestapo
03.11.1941	Haftbefehl und Einlieferung in das Untersuchungsgefängnis Alt-Moabit
21.03.1942	Der Generalstaatsanwalt erhebt Anklage gegen Lichtenberg
22.05.1942	Hauptverhandlung vor dem Landgericht Berlin und Verurteilung zu zwei Jahren Haft wegen „Kanzelmißbrauchs" und Verstoßes gegen das „Heimtückegesetz"
29.05.1942	Einlieferung in das Strafgefängnis Berlin-Tegel
23.10.1943	Entlassung aus der Strafhaft und Einlieferung in das Arbeitserziehungslager Wuhlheide
28.10.1943	Das Reichssicherheitshauptamt verfügt Lichtenbergs Einweisung in das Konzentrationslager Dachau

04.11.1943	Beim Zwischenaufenthalt in Hof (Bayern) wird Lichtenberg in das städtische Krankenhaus eingewiesen
05.11.1943	Tod im Krankenhaus Hof
16.11.1943	Beisetzung auf dem St.-Hedwigs-Friedhof Berlin
18.04.1965	Eröffnung des diözesanen Informativprozesses zur Seligsprechung
26.08.1965	Umbettung in die Unterkirche der St.-Hedwigs-Kathedrale Berlin
15.11.1992	Übergabe der Dokumentation über Lichtenbergs Leben und Sterben an die römische „Congregatio pro Causis Sanctorum"
23.06.1996	Seligsprechung durch Papst Johannes Paul II. im Berliner Olympiastadion

Zeittafel Karl Leisner

28.02.1915	Geburt in Rees/Niederrhein
1921–1934	Volksschule und Gymnasium in Kleve
1927	Gruppenführer der katholischen Jugend
1934	Bezirksjungscharführer
05.05.1934	Eintritt in das Collegium Borromäum Münster
1934–1936	Theologiestudium in Münster, Diözesanjungscharführer
1936/37	Theologiestudium in Freiburg i. Br.
April-Okt. 1937	Reichsarbeitsdienst in Sachsen und im Emsland
1937–1939	Theologiestudium in Münster
25.03.1939	Eintritt in das Priesterseminar Münster
04.04.1939	Diakonatsweihe in Münster
Juni-Nov. 1939	Aufenthalt im Lungensanatorium in St. Blasien (Schwarzwald)
09.11.1939	Verhaftung in St. Blasien und Einlieferung in das Gefängnis Freiburg i. Br.
15.02.1940	Verlegung in das Gefängnis Mannheim
16.03.1940	Einlieferung in das Konzentrationslager Sachsenhausen
14.12.1940	Einlieferung in das Konzentrationslager Dachau
17.12.1944	Priesterweihe im KZ Dachau
26.12.1944	Primiz in Dachau

29.04.1945	Befreiung des KZs Dachau durch US-Truppen
04.05.1945	Einlieferung in das Sanatorium Planegg/München
12.08.1945	Tod in Planegg
20.08.1945	Beisetzung in Kleve
03.09.1966	Umbettung in die Märtyrerkrypta des Xantener Doms
06.05.1981	Eröffnung des diözesanen Informativprozesses in Münster zur Seligsprechung
12.10.1982	Übergabe der Dokumente in Rom
23.06.1996	Seligsprechung durch Papst Johannes Paul II. in Berlin

Benutzte Literatur in Auswahl

H.G. Mann: Prozeß Bernhard Lichtenberg. Ein Leben in Dokumenten. Berlin 1977

Alfons Erb: Bernhard Lichtenberg. Dompropst von St. Hedwig zu Berlin. Berlin 1946

Otto Ogiermann: Bis zum letzten Atemzug. Das Leben und Aufbegehren des Priesters Bernhard Lichtenberg. Leipzig 1983

„Christus meine Leidenschaft". Karl Leisner. Sein Leben in Bildern und Dokumenten. Herausgegeben von Wilhelm Haas. Kevelaer [3]1985

Karl Leisner: Mit Christus leben. Gedanken für jeden Tag. Ausgewählt und herausgegeben von Wilhelm Haas. Kevelaer 1979

René Lejeune: Wie Gold geläutert im Feuer. Karl Leisner (1915–1945). Hauteville/Schweiz 1991

Heinz Hürten: Deutsche Katholiken 1918–1945. Paderborn 1992

Klaus Schatz: Zwischen Säkularisation und Zweitem Vatikanum. Der Weg des deutschen Katholizismus im 19. und 20. Jahrhundert. Frankfurt am Main 1986

Die Geschichte des Christentums. Religion – Politik – Kultur. Deutsche Ausgabe hrsg. v. Norbert Brox u. a. Band 12: Erster und Zweiter Weltkrieg, Demokratien und totalitäre Systeme, hrsg. v. Jean-Marie Mayeur. Freiburg im Breisgau 1992

Klaus Gotto/Konrad Repgen (Hrsg.): Die Katholiken und das Dritte Reich. Main [3]1990

Ludwig Volk: Katholische Kirche und Nationalsozialismus. Ausgewählte Aufsätze. Veröffentlichungen der Kommission für Zeitgeschichte. Reihe B: Forschungen, Band 46; hrsg. v. Dieter Albrecht. Mainz 1987

Akten deutscher Bischöfe über die Lage der Kirche 1933–1945, Bände I – V. Veröffentlichungen der Kommission für Zeitgeschichte. Reihe A: Quellen, Bände 5, 20, 25, 30, 34. Mainz 1968–1983

Harald Focke/Uwe Reimer: Alltag der Entrechteten. Wie die Nazis mit ihren Gegnern umgingen. „Alltag unterm Hakenkreuz" Band 2. Reinbek 1980

Léon Poliakov/Joseph Wulf: Das Dritte Reich und seine Denker. Berlin 1959

Robert Wistrich: Who's Who in Nazi Germany. London 1982

Léon Poliakov/Joseph Wulf: Das Dritte Reich und die Juden. Berlin 1955

Uwe Dietrich Adam: Judenpolitik im Dritten Reich. Düsseldorf 1972

Wolfgang Scheffler: Judenverfolgung im Dritten Reich 1933–1945. Berlin [4]1964

Fred Hahn: Lieber Stürmer! Leserbriefe an das NS-Kampfblatt 1924 bis 1945. Stuttgart 1978

Konrad Repgen: Judenpogrom, Rassenideologie und katholische Kirche 1938. Köln 1988

Walter Hannot: Die Judenfrage in der katholischen Tagespresse Deutschlands und Österreichs 1923–1933. Veröffentlichungen der Kommission für Zeitgeschichte. Reihe B: Forschungen, Band 51. Mainz 1990

Guenter Lewy: Die katholische Kirche und das Dritte Reich. München 1965

Saul Friedländer: Pius XII. und das Dritte Reich. Eine Dokumentation. Reinbek 1965

Pinchas E. Lapide: Rom und die Juden. Freiburg im Breisgau 1967

Ernst Klee: „Euthanasie" im NS-Staat. Die „Vernichtung lebensunwerten Lebens". Frankfurt am Main 1983

Hermann Glaser: Die Kultur der Wilhelminischen Zeit. Topographie einer Epoche. Frankfurt am Main 1984

Gesine Asmus (Hrsg.): Hinterhof, Keller und Mansarde. Einblicke in Berliner Wohnungselend 1901–1920. Reinbek 1982

Bücher von Christian Feldmann

Friedrich Spee
Hexenanwalt und Prophet

304 Seiten, gebunden mit Schutzumschlag
ISBN 3-451-22854-8

Träume werden wahr
Menschen im Gegenwind unserer Zeit

380 Seiten, gebunden mit Schutzumschlag
ISBN 3-451-23537-4

Hildegard von Bingen
Nonne und Genie

Herder Spektrum, Band 4435
ISBN 3-451-22445-3

Gottes sanfte Rebellen
Große Heilige

Herderbücherei Band 8833
ISBN 3-451-08833-9

Verlag Herder Freiburg · Basel · Wien

Große Gestalten des Glaubens

Otto Kaltenbrunner
Der Rebell und Spielmann Gottes
Franz von Assisi in neuen Legenden

140 Seiten mit 8 Farbtafeln, gebunden mit
Schutzumschlag
ISBN 3-451-23795-4

Einblicke in Gestalt und Spiritualität eines großen „einfachen"
Mannes.

Régine Pernoud
Hildegard von Bingen
Ihre Welt, ihr Wirken, ihre Vision

180 Seiten, gebunden mit Schutzumschlag
ISBN 3-451-23677-X

Eine essayistische Annäherung an die große Mystikerin des
Mittelalters.

Inge Sprenger-Viol
Ein Leben gegen Elend und Unrecht
Weg und Wirken der Schwester Theresia Scherer

176 Seiten, gebunden
ISBN 3-451-23566-8

Schwester Theresia Scherer wurde im Oktober 1995 von
Papst Johannes Paul II. selig gesprochen.

Verlag Herder Freiburg · Basel · Wien